JUNG E A
PSICOLOGIA PROFUNDA

Dados Internacionais de Catalogação na Publicação (CIP)
(Câmara Brasileira do Livro, SP, Brasil)

Kast, Verena
  Jung e a psicologia profunda: um guia de orientação prática /
Verena Kast; tradução Karina Jannini. — São Paulo: Cultrix, 2019.

  Título original: Die tiefenpsychologie nach C. G. Jung.
  Bibliografia.
  ISBN 978-85-316-1481-1

  1. Autoconhecimento 2. Consciência 3. Desenvolvimento humano 4.
Jung, Carl Gustav, 1875-1961 5. Psicologia junguiana I. Título.

18-22195   CDD-150.1954

Índices para catálogo sistemático:
1. Psicologia junguiana 150.1954
Iolanda Rodrigues Biode — Bibliotecária — CRB-8/10014

Verena Kast

JUNG E A PSICOLOGIA PROFUNDA

UM GUIA DE ORIENTAÇÃO PRÁTICA

Tradução
KARINA JANNINI

Editora Cultrix
SÃO PAULO

Título do original: *Die Tiefenpsychologie nach C. G. Jung.*
Copyright da edição revista © 2014 Schwabenverlag AG, Patmos Verlag.
Ostfildern.
Publicado pela primeira vez em 2007 por Kreuz Verlag.
Copyright da edição brasileira © 2019 Editora Pensamento-Cultrix Ltda.
Texto de acordo com as novas regras ortográficas da língua portuguesa.
1ª edição 2019.
2ª reimpressão 2023.
Todos os direitos reservados. Nenhuma parte desta obra pode ser reproduzida ou usada de qualquer forma ou por qualquer meio, eletrônico ou mecânico, inclusive fotocópias, gravações ou sistema de armazenamento em banco de dados, sem permissão por escrito, exceto nos casos de trechos curtos citados em resenhas críticas ou artigos de revistas.

A Editora Cultrix não se responsabiliza por eventuais mudanças ocorridas nos endereços convencionais ou eletrônicos citados neste livro.

Editor: Adilson Silva Ramachandra
Editora de texto: Denise de Carvalho Rocha
Gerente editorial: Roseli de S. Ferraz
Preparação de originais: Karina Gercke
Produção editorial: Indiara Faria Kayo
Auxiliar de produção editorial: Daniel Lima
Editoração eletrônica: Mauricio Pareja da Silva
Revisão: Vivian Miwa Matsushita

Direitos de tradução para o Brasil adquiridos com exclusividade pela
EDITORA PENSAMENTO-CULTRIX LTDA., que se reserva a
propriedade literária desta tradução.
Rua Dr. Mário Vicente, 368 — 04270-000 — São Paulo, SP
Fone: (11) 2066-9000
http://www.editoracultrix.com.br
E-mail: atendimento@editoracultrix.com.br
Foi feito o depósito legal.

Sumário

O teste de associação e os complexos 7
A afetividade como fundamento da personalidade 11
O episódio dos complexos 15
Complexo, símbolo e sonho 21
O símbolo 24

O inconsciente coletivo e os arquétipos 29
O aspecto criativo — o efeito dos arquétipos 36
O caminho criativo como o ideal 39
Atitude criativa por meio de métodos criativos 42
Imaginação ativa 47

O processo de individuação 51
Como se dá a individuação 54
O si-mesmo 59
O que um processo de individuação provoca 69
A sombra 69
Anima e *animus* 77
O sonho ao final de uma análise 84
Anima e *animus* como casal 86

Relação terapêutica e transferência/
contratransferência... 91
Um exemplo a partir da supervisão........................... 92
Estágios de transferência....................................... 96
A transferência erótico-sexual................................. 97
O inconsciente comum.. 99

O tratamento analítico... 103
O início... 103
Sonhos iniciais.. 105
Uma série de sonhos no processo de individuação..... 111
Contando a vida... 115

A concepção do homem na psicoterapia junguiana........ 121
A necessidade religiosa... 122
Busca por sentido, aspiração à individuação do
si-mesmo, realização de necessidades espirituais........ 127

Evolução da psicoterapia junguiana........................... 131
Pesquisa... 132
Neurobiologia e psicologia junguiana....................... 136
Formação.. 140

Apêndice... 143
Agradecimentos.. 145
Notas... 147
Bibliografia... 163
Cronologia: Carl Gustav Jung................................. 173

O teste de associação e os complexos

Na origem da psicologia de C. G. Jung, que constitui uma extensa "psicologia da alma", encontra-se a pesquisa com o teste de associação. Jung foi um dos primeiros psicólogos experimentais. Em 1909, foi convidado pela Clark University de Worcester, em Massachusetts, para falar a respeito do teste de associação e dos complexos.[1] Graças a essa área de pesquisa, que desenvolveu no hospital psiquiátrico Burghölzli, em Zurique, na Suíça, logo ficou conhecido e sempre era procurado por diversos pesquisadores estrangeiros. O convite feito por G. Stanley Hall significou que seus estudos haviam chamado a atenção também nos Estados Unidos: as pesquisas de Jung com o teste de associação tinham encontrado reconhecimento internacional.

O teste de associação remonta às pesquisas de Sir Francis Galton (1822-1911), criador da associação livre para o estudo do pensamento[2]. Interessado no funcionamento da mente, dizia: "Eu quis mostrar como áreas inteiras de produção mental, que normalmente escapam à consciência, podem ser reveladas, traçadas e estudadas do ponto de vista estatístico. [...] É provável que a impressão mais forte deixada por esses experimentos refira-se à multiplicidade do trabalho mental em estado de semi-inconsciência. Além disso, fornecem um bom fundamento para supormos que haja camadas mais profundas de atividades mentais, submersas por completo sob o nível consciente de produções que talvez sejam responsáveis por aqueles fenômenos que ainda não conseguimos esclarecer".[3]

Por volta dos anos 1880, Galton estudava fragmentos mínimos de pensamentos, como e por que surgiam, como tornavam a desaparecer e eram substituídos por outros. Escreveu uma lista de palavras e estudou outras novas que lhe ocorriam em relação às primeiras; além disso, mediu o tempo necessário para pensá-las. Essas pesquisas são a base do teste de associação de palavras, que remonta a Wundt, Kraepelin e Aschaffenburg. Franz Riklin, que trabalhou e pesquisou com Aschaffenburg, mas que por razões pessoais transferiu-se para Burghölzli, levou consigo uma variante do teste de associação desenvolvido por Galton. Nessa época, Jung se ocupava de incisões no cérebro de animais, a fim de pesquisar lesões como possíveis causas para doenças mentais.[4] Realizava os procedimentos junto com Von Muralt, que já trabalhava no Burghölzli antes dele e o incentivara a fazê-los. Riklin era da opinião de que os testes de associação também serviriam para descobrir essas lesões patogênicas. Jung e Riklin, que nesse período ainda eram residentes no Burghölzli, continuaram a desenvolver testes de associação um com o outro.[5]

A sequência do teste de associação de Wundt, adotada por Jung e Riklin, era e ainda é simples: o experimentador diz uma palavra, à qual o sujeito do experimento reage o mais rápido possível com o primeiro conceito que lhe ocorre: por exemplo, ao termo "verde", responde "prado". Assim, tenta-se descobrir qual representação uma palavra, chamada de palavra-estímulo, desencadeia em uma pessoa. A princípio, buscaram-se nesses estudos as regras da associação ou as diferenças entre as associações feitas por pessoas doentes e pessoas saudáveis, bem como uma eventual distinção entre diversos tipos intelectuais durante a associação. A importância da atenção dedicada às associações era de especial interesse. Por isso, Kraepelin e Aschaffenburg provocaram fadiga suplementar nos sujeitos do experimento e constataram que o tipo de associação feito por indivíduos com diferentes níveis de instrução, que normalmente difere, se assemelha quando estão cansados. Assim, por exemplo, as associações sonoras (grilo — cri-cri) aumentaram. No entanto, segundo descobriram Jung e Riklin, também se distinguiu um aumento das reações aos sons em pessoas que viveram uma forte emoção e, portanto, tiveram sua atenção reduzida.

Constataram, sobretudo, que nem sempre as associações podiam ocorrer de maneira automática, embora a língua o permitisse. Houve reações que foram designadas como "erros" por Kraepelin e desconsideradas na sequência das análises. Contudo, esses chamados erros interessaram a Jung e Riklin, que estudaram, por exemplo, associações que só ocorriam após um longo tempo de reação ou não podiam ser lembradas no teste de reprodução. Também influenciados pelas pesquisas de Freud,[6] eles se perguntavam quais "reminiscências" poderiam estar por trás desse tipo de reação, ou melhor, de um "erro". Ao mesmo tempo, constataram que uma lembrança afetiva significativa, mais ou menos recalcada, podia ser pronunciada com diferentes palavras e que estas podiam conduzir ao mesmo complexo. Segundo concluíram, a reminiscência recalcada constitui-se de um número mais ou menos elevado de representações isoladas, que são "reunidas" pela emoção.[7]

Jung ficou feliz por ter conseguido demonstrar de maneira experimental a teoria do recalque, de Freud. Segundo ele e Riklin, quando não era possível fazer uma associação clara, a palavra-estímulo se referia a um "assunto pessoal"[8] constrangedor, que, de início, chamaram de "complexo de tonalidade afetiva da representação" e, mais tarde, apenas de "complexo".[9] Conforme constataram, a cada um desses complexos estava relacionado um problema emocional inconsciente. O tema desses problemas emocionais seria revelado por meio da associação com as palavras que desencadearam o complexo. Para trabalhar com os complexos, Jung utilizou o método da associação, mas não o da asso-

10

ciação livre, tal como recomendado por Freud, e sim o da vinculada: as associações se agrupariam em torno da palavra, do conceito e da representação que desencadearam a reação do complexo, inserindo-o em um contexto linguístico e, portanto, temático, no qual ele possa ser compreendido. Contudo, as associações também ocorrem com frequência em relação a imagens e, assim, tornam-se acessíveis aos complexos sobre fantasias, inclusive as modeladas com base em imagens, e sobre sonhos.

No início do século XX, os pesquisadores se submeteram reciprocamente ao teste de associação e descobriram que era um bom método para encontrar conflitos inconscientes ou semiconscientes. Jung tornou-se conhecido, em particular, devido a seus testes, que descreveu em seu artigo "Sobre o diagnóstico psicológico da ocorrência",[10] publicado em 1937: pessoas suspeitas de terem cometido um crime foram submetidas ao teste de associação. Em uma palestra na Clark University, Jung demonstrou que podia provar a culpa de uma ladra com o teste de associação.

A afetividade como fundamento da personalidade

Por meio do teste de associação e dos complexos, Jung chegou a uma asserção importante e até hoje válida de suas teorias: o fundamento essencial da personalidade é a afetividade, diz Jung em seu artigo "O complexo de tonalidade afetiva e seus efeitos gerais sobre a psique", de 1906.[11] Por afetividade ele entende sentimento, sensibilidade, afeto e emoção.

A asserção parece moderna. É uma ideia muito comum nos dias de hoje. Do início ao fim, a vida humana é acompanhada de emocionalidade — tanto na vigília quanto no sonho. Sem emoção, nada acontece na psicoterapia. Toda experiência está ligada à emoção. Toda lembrança está vinculada à emocionalidade; do contrário, não nos lembramos. A transformação e a alteração precisam de emoção. Tanto as emoções que são muito fortes e estressam os seres humanos quanto as que são muito fracas e não cumprem sua função de "orientadoras" precisam ser trabalhadas; essa é a preocupação central de toda psicoterapia que se ocupa do inconsciente. Somente então volta a ser possível regular, por meio das emoções e com elas, a relação com o mundo externo, mas também com o interno, sem gerar um estresse constante. Na relação terapêutica, a emocionalidade de ambos os envolvidos desempenha um papel central. Contudo, as emoções também são trabalhadas no sonho e nas fantasias, e essas emoções trabalhadas atuam na consciência que, por sua vez, influencia os sonhos.[12]

Jung descobriu que, por meio das associações com as palavras-estímulo, o complexo pode ser progressivamente nomeado e, com ele, também o tema, que é o fundamento de uma neurose: "Com o auxílio do teste de associação, consegui provar que todas as neuroses contêm complexos autônomos, cujo efeito perturbador leva os indivíduos a adoecer".[13]

Por outro lado, Jung sempre enfatiza que todas as pessoas têm complexos: trata-se de uma "manifestação normal da vida",[14] pois os complexos são as "unidades vivas da psique inconsciente".[15] Isso significa que eles são a expressão de problemas que também são temas centrais da vida; portanto, temas que atuam em nossa vida e querem ser realizados. São a expressão de problemas de desenvolvimento, que também são temas de desenvolvimento.[16] Constituem nossa disposição psíquica. Os complexos conduzem às neuroses quando são recalcados ou cindidos, quando não podem ser integrados. Jung tendia a não fazer muita distinção entre normalidade e patologia, enxergando apenas uma diferença gradual entre ambas. Todo mundo tem de lidar com os complexos. Do ponto de vista patológico, os complexos atuam quando poucos deles estão ligados a uma emoção tão grande que a consciência do eu não consegue recalcá-los nem os cindir. Complexos cindidos, causados por experiências traumáticas, dificultam em ampla medida a adaptação ao mundo social, mas também ao próprio mundo interno.

Os testes rotineiros de associação entediavam Jung cada vez mais, de modo que deixou de bom grado sua avaliação matemática aos cuidados de Riklin.[17] No entanto, a teoria dos complexos continuou a determinar sua psicologia. Era tão importante que, em 1934, ele a transformou em tema de sua aula inaugural para uma cátedra no Instituto Federal de Tecnologia de Zurique (ETH).[18] Nessa aula, Jung reuniu os resultados obtidos com as pesquisas sobre o complexo e o definiu:

"Do ponto de vista científico, o que seria um complexo de tonalidade afetiva? É a reprodução de determinada situação psíquica, de tonalidade intensamente emocional, e que se mostra incompatível com o estado e o comportamento habitual da consciência. Essa reprodução tem uma forte coerência interna, bem como sua própria totalidade, e dispõe de um grau relativamente alto de autonomia, ou seja, submete-se apenas em medida reduzida às disposições da consciência..."[19]

Nos complexos, as experiências difíceis e gencralizadas estão ligadas a outra emocional e opressiva, que, de início, pode ser pouco controlada. Na sequência, toda vivência comparável é interpretada no sentido do complexo e o reforça, ou seja, a emoção que marca esse complexo é reforçada.[20] Como resultado, cada vez mais eventos da vida são incorporados e sentidos como complexos.

Os complexos marcam os pontos suscetíveis à crise no indivíduo. Como centros de energia, constituem a atividade da vida psíquica. Por um lado, provocam uma inibição da vida, fazendo com que a pessoa reaja com estereótipos, de maneira muito emocional e inadequada à situação atual, com um pendor para a história de vida. Graças à resistência promovida por essa emoção, surgem comportamentos e vivências estereotipados. Contudo, nos complexos também há embriões de novas possibilidades de vida.[21] Eles continuam a influenciar nossa percepção do mundo, nossas emoções, a formação de nossas ideias, mas também nossos processos somáticos. Em cada situação, o núcleo dos complexos é um tema arquetípico.[22]

Quando Jung fala dos complexos como "psiques parciais fragmentadas",[23] isso corresponde ao que hoje chamamos de dissociação, tal como aparece, sobretudo, em experiências traumáticas. Os complexos podem surgir ao longo da vida do ser humano. Contudo, a maioria deles, e os que mais tarde se desenvolvem, costumam associar-se a outros que já haviam surgido.

O episódio dos complexos

Nos últimos vinte anos, uma descrição do surgimento dos complexos recebeu grande importância e deu origem a algumas perspectivas novas no que se refere a seu tratamento. Essa definição de Jung é importante, em particular, no tratamento terapêutico dos complexos.

Em uma palestra proferida em 1928, Jung fala sobre o surgimento dos complexos: "Segundo evidências, ele [o complexo] provém do choque de uma exigência de adaptação com a natureza especial do indivíduo, inadequada no que se refere a essa exigência".[24] Com essa definição, o aspecto de relação torna-se o centro das atenções no surgimento do complexo e, também no que se refere à teoria de Jung, ganhou cada vez mais importância nas últimas décadas.

Após essa definição abstrata, Jung fala sobre o complexo parental como primeira manifestação do choque entre "a realidade e a natureza do indivíduo, inadequada nesse sentido".[25] De modo geral, a exigência de adaptação sempre partiria das pessoas; portanto, isso significa que as camadas de relação de nossa infância e nossa vida posterior são reproduzidas estrutural e emocionalmente em nossos complexos. Por isso, nessa perspectiva, há duas pessoas, uma diante da outra: uma criança e uma pessoa de referência. Chamo isso de "os dois polos do complexo".

Os complexos surgem de episódios de relação; episódios de complexos são experiências generalizadas de relação, que imaginamos da maneira mais sensorial possível, com todos os canais da percepção e com a emoção a ela ligada, e que contamos ao analista. Vemos uma semelhança com as RIGs (Representations of Interactions that have been Generalized),* de Daniel Stern, e, como ele, somos da opinião de que os episódios de complexos são internalizados por meio da memória dos episódios (Tulving).[26]

O complexo se forma em situações que se igualam à situação marcada, em episódios típicos de conflitos de relação, que podem se mostrar no dia a dia ou na situação terapêutica, mas também em sonhos e imaginações.

---

* Representações de Interações que foram Generalizadas. [N. T.]

Georg buscou a terapia porque sempre sofria de estados depressivos, mas também porque tinha rompantes de raiva que não entendia nem conseguia controlar. Logo notei que se retraía ou mostrava indícios de raiva quando eu olhava para ele de maneira interrogativa. Ele interpretava meu olhar não como uma interrogação, e sim como desprezo. Por conseguinte, buscamos o olhar de desprezo em sua história de vida.

Georg se lembrava de que, quando menino, "nunca se sentia adequado" (normal); segundo ele, seus pais desejavam que fosse diferente, sobretudo por ser filho único. Lembrava-se de situações em que mais tarde também lhe comunicavam verbalmente que ele tinha "caído da carroça do diabo". Era uma expressão usada em sua terra natal para falar de pessoas nem um pouco aceitáveis. Quando ouvia essa e outras semelhantes, Georg percebia a irritação e o desprezo dos pais e sentia tanta vergonha que preferiria sumir. Às vezes, também ficava com muita raiva e dizia a si mesmo que um dia iria se vingar. Um raio de esperança em sua vida eram seus avós, que lhe davam a sensação de que ele era uma criança normal e até gentil.

Muitas vezes, o episódio central do complexo "não sou normal" se formava no cotidiano: bastava alguém tratá-lo com um pouco de condescendência ou lhe lançar um olhar interrogativo para ele já ter certeza de que estava sendo desprezado ou malquisto pela pessoa; assim, envergonhava-se, afundava em um estado depressivo ou sentia uma raiva desproporcional.

Esse comportamento, que indicava uma constelação de complexos, da qual ele tinha uma consciência apenas parcial e contra a qual não conseguia se defender, sobrecarregou as relações em seu local de trabalho, com sua esposa e seus filhos e se mostrou na psicoterapia.

Quando um episódio de complexo se mostra na psicoterapia, é possível trabalhá-lo. Buscam-se episódios na lembrança, mas também nos sonhos semelhantes às experiências relativas ao complexo, e situações-chave a partir da própria história. O fato de que essas situações-chave podem ser contadas como episódios e com o máximo de vivacidade nos permite tirar algumas conclusões: por um lado, em relação à vida pregressa da criança, o que nos ajuda a nos colocarmos em sua situação e a entendermos as dificuldades e os sofrimentos da situação marcada; por outro, em relação à vivência e ao comportamento da pessoa de referência na situação marcada, com a qual o adulto se identifica, pelo menos nas situações em que o complexo está formado,[28] e cujo papel ele também desempenha de maneira inconsciente, embora o polo do adulto seja experimentado na projeção. Conscientizar-se dessa identificação e assumir essa responsabilidade é extremamente difícil, mas um requisito necessário para que o comportamento relativo ao complexo e, portanto, também os complexos possam mudar. A partir desses episódios-chave, também se podem tirar conclusões sobre a forma de interação no âmbito do complexo e sobre as sensações ambivalentes, ligadas a ele. Se conseguirmos enxergar e experimentar os choques que instauram os complexos, recordaremos cada vez mais episódios que conduziram à formação de um complexo e à transferência do respectivo comportamento a pessoas de referência diferentes das originais.

Portanto, o tema da associação continua a desempenhar um papel. Porém, ao contrário do que era feito no início das pesquisas de Jung, hoje se consideram mais as associações e transferências no campo das narrações, dos relatos e das imaginações. Situações-chave são partilhadas em relato com outras pessoas, com a máxima vivacidade possível. Contar e ouvir formam uma unidade, e quanto melhor for a audição, tanto melhor será a narração.

Aos poucos, Georg reconheceu os efeitos desse episódio de complexo em suas emoções, em seu comportamento, nas situações cotidianas de relacionamento e na relação consigo mesmo. Muitas vezes, dizia a si mesmo que, "de todo modo, não era normal", e acabava inibindo as ideias que, mesmo sufocando desde o início, não deixava de ter. Aos poucos, constatou que identificava não apenas a si mesmo, mas também outras pessoas com os pais que o desvalorizavam. Assim, transmitia com facilidade às outras pessoas a sensação de que elas também "não eram normais", que era melhor que se calassem e até que não existissem. Reconheceu com rapidez cada vez maior as emoções e os comportamentos ligados a esse episódio de complexo dominante e conseguiu controlar melhor seu comportamento. Em suas conversas consigo mesmo, quando pensava que "de todo modo, não era normal", lembrava-se de que isso não era verdade, que já não queria dizê-lo a si mesmo e, na maioria das vezes, deixava de fazer essas observações. Em seguida, segundo ele, era invadido por uma "alegria irrefreável". "De repente, percebi que eu era normal do modo como sou, que tenho muitos traços diferentes de personalidade que acho legais (representados em sonhos que ele teve durante o trabalho desse episódio de complexo), que posso, sim, formular minhas ideias, sugerir outras, ocupar-me delas. Tenho muito mais energia do que antes — e mais alegria." Do ponto de vista simbólico, ele exprime essa experiência da seguinte forma: "Antigamente, eu me imaginava como uma árvore, cujas flores estavam sempre congeladas. Agora elas florescem; algumas produzem frutos, outras, não. Mas está bom assim".

A elaboração desse difícil episódio de complexo trouxe um novo comportamento aos seus relacionamentos, uma nova liberdade e uma nova vivacidade, além de ter-lhe possibilitado ser mais criativo nas esferas da sua vida.

A teoria dos complexos é um aspecto importante da psicoterapia junguiana. É uma teoria de conflitos que também trata do desenvolvimento: onde os complexos se estabeleceram houve a interrupção de um desenvolvimento. Trabalhar os complexos significa não apenas que as pessoas podem reagir com emoções mais satisfatórias nas relações, mas também que alguns de seus aspectos, que por muito tempo ficaram inativos, podem ser integrados à vida, enriquecendo-a.

Na psicoterapia orientada pela psicologia profunda, na qual o profissional e o paciente se concentram em alguns conflitos essenciais e em sua elaboração, do ponto de vista junguiano, eles se ocupam de episódios de complexos. Nesse caso, não se trata apenas de elaborar esses episódios e as emoções a eles ligadas, tal como se mostram nos relacionamentos; há outras possibilidades criativas de lidar com os complexos, trabalhando com símbolos que são expressão e local de elaboração dos complexos.

Complexo, símbolo e sonho

Na visão junguiana da psique e da psicoterapia, é essencial a ligação dos complexos com os sonhos: "[...] [os complexos] são os agentes de nossos sonhos [...]"[29], e: "A psicologia do sonho mostra, com toda a clareza desejável, que os complexos surgem de maneira personificada quando não são reprimidos por uma consciência inibidora".[30] Desse modo, a relação interna entre o complexo, o sonho e o símbolo também é referida; uma relação que desde cedo já era muito importante para Jung.

Em 1916, em seu artigo "A função transcendente",[31] Jung designa os conteúdos de tonalidade afetiva da psique, os complexos, como ponto de partida para fantasias e formações de símbolos. "Na intensidade do distúrbio afetivo reside [...] a energia que o paciente deveria ter disponível, a fim de eliminar a condição de adaptação reduzida."[32] Essas energias se mostram em imagens e símbolos. Já em 1916, Jung vê a psique como um sistema autorregulador, cujo objetivo é sempre um equilíbrio dinâmico. Segundo Jung, a psique tem a tendência de equilibrar aspectos unilaterais. Se o ser humano tender muito a uma direção, isso é compensado. Pessoas que se veem com muita clareza, de maneira irrepreensível, de repente são confrontadas com seu próprio comportamento obscuro. A autorregulação da psique parte da emoção e se mostra nas fantasias.

Mais clara ainda é a relação entre complexo e fantasia, expressa em 1929 no texto "Os problemas da psicoterapia moderna": "O complexo forma, por assim dizer, uma pequena psique fechada, [...] cuja fantasia desenvolve uma atividade própria. A fantasia é a atividade espontânea da alma, que sempre irrompe quando a inibição provocada pela consciência perde intensidade ou cessa, como no sono. Nele, a fantasia aparece como sonho. Porém, mesmo acordados, continuamos sonhando sob o limiar da consciência, e isso sobretudo devido aos complexos recalcados ou de algum modo inconscientes".[33]

Com a expressão "de algum modo inconscientes", Jung se refere a conteúdos que se formam a partir do inconsciente e que, portanto, no início, ainda não eram conscientes nem recalcados.

Os embriões de novas possibilidades de vida, que também podem ser vistos nos complexos, esses embriões criativos se mostram quando os complexos não são recalcados, quando o indivíduo se concentra no estado de espírito, no sentimento ou no afeto, percebe as fantasias que surgem e as formula, por fim, em símbolos. Esses são tanto expressão quanto locais de elaboração dos complexos. Nos símbolos, os complexos tornam-se visíveis, mas, por assim dizer, também dão asas à imaginação.

A indicação de que residiria no distúrbio afetivo a energia de que o paciente precisa para sua autorregulação emocional, bem como para os passos a serem dados no desenvolvimento, é um fundamento teórico para diversas técnicas, como imaginação, pintura, teatro, jogo de areia, entre outras aplicadas na terapia junguiana, a fim de tornar os complexos mais conscientes e possibilitar uma mudança criativa.

A importância de trabalhar com o inconsciente e de estar atento para o aspecto criativo na psique era uma ideia fundamental de Jung e vale tanto para a terapia como para a vida cotidiana. "A psique cria a realidade todos os dias. Não sei designar essa atividade com outra expressão que não seja 'fantasia'."[34] Para Jung, estar em relação com a fantasia significava estar "vivo", tornar-se cada vez mais vivo. "A alma é o lado vivo no ser humano, aquilo que vive a partir de si mesmo e origina a vida."[35] No entanto, estar em contato com as fantasias significa estar em contato com o que é vivo, mas também que as coisas cotidianas da vida se tornam "vivas". Eis a razão pela qual a imaginação assume um papel tão importante em sua terapia, sobretudo a imaginação ativa, que é um estado entre o sonho e a vigília, no qual as representações também podem ser formadas.

O símbolo

Representações de fantasias são entendidas por Jung como símbolos. Porém, em sua opinião, toda a vida do indivíduo também é escrita por meio de símbolos: o que vivenciamos, representamos e realizamos também remete a um pano de fundo inconsciente.

O termo "símbolo" provém da palavra grega *symbálein*, que significa "amontoar", "juntar". De acordo com sua etimologia, o símbolo (*sýmbolon*) é algo que foi reunido: uma coisa visível de uma realidade ideal e invisível. Por conseguinte, tudo o que há no mundo e tudo o que experimentamos também querem dizer alguma coisa, têm um significado mais profundo e apontam para algo sutil.

Os símbolos se baseiam em objetos do mundo da percepção. Mas esse é apenas seu aspecto superficial; neles há indicações de aspectos sutis, ainda ignorados, inconscientes ou apenas esquecidos. No entanto, o segundo plano também pode ser significativamente mais misterioso, uma expressão do diferente, do insondável, que nos enche de curiosidade e anseio. Dependendo do contexto do símbolo, seu significado se altera e novas formas de significado aparecem. E como neles sempre está representada uma indicação de algo ainda desconhecido, precisam ser interpretados. Os símbolos têm ao menos um duplo sentido, encobrem e revelam, escondem e manifestam, contêm reminiscências e antecipação. Também são memória: neles se repete o que vivenciamos e, ocasionalmente, o que a humanidade vivenciou e o que se reflete em produções culturais. Não apenas se repetem, mas também se alteram. Na maioria das vezes, nossos problemas pessoais também são típicos do ser humano, mas com uma peculiaridade individual. São problemas com os quais as pessoas sempre lutaram. A poesia, a arte dramática e a música mostram variações simbólicas que condensam o modo sempre semelhante como problemas existenciais foram reproduzidos e, por conseguinte, também superados. Na verdade, os símbolos são projeções de nossas possibilidades imaginárias.

"Se a parte inconsciente do acontecimento psíquico alcança a consciência, ela o faz apenas de maneira indireta. O acontecimento que denuncia a existência de seu lado inconsciente é marcado por sua emocionalidade ou por algo determinante para vida, que não foi reconhecido de modo consciente. A parte inconsciente é uma espécie de segunda intenção que poderia se tornar consciente ao longo do tempo com o auxílio da intuição ou por meio de uma reflexão mais profunda. No entanto, o acontecimento pode manifestar seu aspecto inconsciente no sonho, e isso é o que ocorre com frequência. Contudo, o sonho mostra o aspecto subliminar na forma de uma imagem simbólica, e não como pensamento racional. De resto, foi a compreensão dos sonhos o que, a princípio, nos possibilitou investigar o aspecto inconsciente dos acontecimentos psíquicos conscientes e sondar sua natureza."[36]

É sempre alguma coisa superficial a remeter a algo sutil, por exemplo, algo material a indicar algo ideal, o específico apontando para o genérico, e assim por diante. Segundo Jung, "um conceito ou uma imagem é simbólico quando significa mais do que designa ou exprime. Possui um aspecto 'inconsciente' e abrangente, que nunca pode ser definido com exatidão nem esclarecido de maneira exaustiva".[37] Símbolos são sobredeterminados; por isso, podemos ocupar-nos reiteradas vezes de um símbolo e encontrar novos significados.

Justamente no sonho parece ser possível unir diversos conteúdos diferentes, incluídos os que se contradizem, e fazer aparecer uma rede de significados de símbolos. Toda interpretação tenta encontrar a sutileza por trás da superficialidade. O símbolo e o que nele é representado têm uma relação intrínseca, não podem ser separados. O sutil e o superficial são interligados. Isso significa que o material é representado no mental, e o mental, no material. Processos mentais são representados por meio de imagens e signos.

A diferença entre imanência e transcendência é superada no símbolo e no pensamento simbólico. Mitos, linguagem, ciência, religião, arte — cada campo da cultura nos é dado de forma simbólica. Os símbolos transportam e transformam emoções e percepções.[38] Os símbolos, em especial os coletivos, nos estimulam e nos movem interna e emocionalmente, mas também dão às nossas emoções uma forma, compreendendo-as. Eis por que as pessoas amam a arte, a literatura, histórias de todo gênero e os filmes. Os seres humanos parecem precisar das imagens e das histórias arquetípicas para terem uma vida satisfatória ou se autorregularem, por exemplo, para saírem da monotonia, mas também para integrarem o que até então foi reservado pela vida, para satisfazerem necessidades mentais básicas. Nos símbolos que se alteram em sonhos e na imaginação, alterações psíquicas também podem se tornar visíveis.

O inconsciente coletivo
e os arquétipos

Como psiquiatra no hospital Burghölzli, em Zurique, e sob a orientação de Eugen Bleuler, que cunhou o termo "esquizofrenia", Jung se ocupou minuciosamente dessa doença, que na época ainda era chamada de *dementia praecox* (demência precoce). Pesquisou e interpretou sobretudo as representações delirantes e as alucinações dos esquizofrênicos. Publicou suas conclusões em seu tratado "A psicologia da *dementia praecox*: um ensaio" (1907).[39] Nele comprovou que manifestações aparentemente incoerentes e sem sentido têm um significado. Mandou esse livro para Freud, que o convidou para visitá-lo.

Nesses estudos, Jung se aprofundou com grande precisão nas fantasias dos esquizofrênicos. Constatou que as alucinações são semelhantes às imagens oníricas e as interpretou com base na *Interpretação dos Sonhos*, de Sigmund Freud.

Hoje, os neurocientistas e psicanalistas Solms e Turnbull chamam a atenção para o fato de que a anatomia funcional do sonho e a da psicose esquizofrênica são quase idênticas, com a única grande diferença de que, na esquizofrenia, o componente áudio-verbal da percepção está em primeiro plano, enquanto nos sonhos esse lugar é ocupado pelo componente visual-espacial.[40] Jung via a produção delirante como uma tentativa de relacionar e ordenar "fenômenos psíquicos desconhecidos"[41]. Sistemas delirantes são entendidos por ele como "mitos subjetivos", que ajudariam as pessoas a se compreenderem. É claro que o mito do esquizofrênico não funciona direito, mas, ainda assim, Jung queria ver as ideias delirantes como uma tentativa de cura, que, contudo, não deu muito certo. Em relação às suas pesquisas sobre os mitos da humanidade, Jung se convenceu de que, tanto em indivíduos normais quanto em doentes, há um nível criador de mitos que pertence ao patrimônio humano, em diferentes épocas e culturas. Por trás da capacidade humana de criar mitos, Jung vê o inconsciente coletivo, que se mostra em imagens e narrações arquetípicas, ou seja, justamente nesses mitos.

O inconsciente coletivo é um constructo. É entendido como um fundamento genérico, biológico e psíquico, de natureza transpessoal, existente em todo ser humano. "Por essa designação, entendo um funcionamento psíquico inconsciente, presente em todo ser humano, que motivou não apenas nossas modernas imagens simbolistas, mas também todos os produtos semelhantes do passado da humanidade. Essas imagens surgem de uma necessidade natural e a satisfazem.

É como se, ao remontar ao estado primitivo, a psique se exprimisse nessas imagens e, assim, obtivesse a possibilidade de funcionar com nossa consciência, que lhe é estranha, cessando, ou seja, satisfazendo suas próprias demandas, que perturbam a consciência."[42]

O inconsciente coletivo pode ser acessado com base em imagens arquetípicas. Arquétipos são entendidos como efeitos do inconsciente coletivo, como padrões fundamentais da vida, que atuam em todo indivíduo e por ele são sonhados, descritos e moldados; são a precondição da história da civilização.

Destarte, todos os seres humanos têm emoções comparáveis, que não precisam ser evocadas de maneira consciente. Elas surgem de maneira inconsciente em situações determinadas e significativas do ponto de vista existencial: luto na separação ou perda; alegria quando algo sai melhor do que o esperado; irritação quando alguém invade nossos limites; sentimentos depressivos quando o sentido da vida se perde etc. Contudo, conseguimos controlar em maior ou menor medida essas emoções que nos são orgânicas.

O inconsciente coletivo também se mostra em imagens arquetípicas, tal como no círculo, na esfera, na espiral, na criança divina, no velho sábio, no estranho misterioso, em heróis e heroínas, mas também em animais, cores etc. O que Jung entende por arquétipos?

31

"Não se trata, obviamente, de representações herdadas, e sim de uma disposição inata para formar representações paralelas, ou melhor, estruturas universais e idênticas da psique, que mais tarde designei como inconsciente coletivo. Chamei essas estruturas de arquétipos. Elas correspondem ao conceito biológico de 'pattern of behaviour' (padrão de comportamento)."[43]

A partir da perspectiva da experiência e da vivência, a imagem arquetípica é descrita de outra maneira:

"Contudo, essa imagem muda de imediato e por completo quando vista a partir de dentro, ou seja, no âmbito da alma subjetiva. Nela, o arquétipo mostra-se como numinoso, isto é, como uma vivência de importância fundamental. Quando se reveste de símbolos correspondentes, o que nem sempre é o caso, transfere o sujeito para o estado de comoção, cujas consequências são imprevisíveis."[44]

Os arquétipos intervêm "para regular, modificar e motivar as configurações dos conteúdos de consciência".[45] Segundo Jung, deles partem os impulsos para a autorregulação da psique no mais amplo sentido. Mas provavelmente nossa percepção também é afetada pelo fato de que podemos experimentar as conectividades neuronais nas representações que partilhamos uns com os outros.[46]

"Na experiência prática, arquétipos [...] são imagens e, ao mesmo tempo, emoções."[47] Imagens arquetípicas permitem compreender emoções em uma dinâmica estrutural determinada. Mostram-se onde a fantasia atua.

Arquétipos também estão por trás dos complexos.

O potencial de desenvolvimento nos complexos é visível sobretudo nas imagens arquetípicas, que se apresentam depois que aspectos importantes do complexo forem alçados à consciência, tornando possível o acesso a padrões arquetípicos e à sua dinâmica, nos quais os complexos se constroem.

Assim, é claro que os indivíduos têm experiências com a mãe pessoal, o pai pessoal, mas também temos representações arquetípicas da mãe e do pai que transferimos aos pais, e embora mulher e homem só se tornem pai e mãe depois que têm filhos, sabem como é ser pai e mãe.

Experiências existenciais são sempre expressas em símbolos semelhantes: em épocas de grande ameaça, ligadas a muito medo, indivíduos são reunidos, por exemplo, em torno de uma mesa redonda. O círculo é um símbolo muito antigo da totalidade, da coesão e, portanto, da proteção. O círculo é um símbolo fácil de rastrear tanto na arte dramática quanto nas formas linguísticas da história da civilização.[48]

"O arquétipo é uma espécie de disposição para reproduzir sempre as mesmas representações míticas ou outras semelhantes. [...] Os arquétipos, ao que parece, são não apenas impressões de experiências típicas repetidas, mas, ao mesmo tempo, também se comportam empiricamente como forças ou tendências à repetição das mesmas experiências. Aliás, sempre que um arquétipo aparece no sonho, na fantasia ou na vida, ele traz consigo uma 'influência' especial ou uma força, em virtude da qual ele causa um efeito numinoso, fascinante ou que impele à ação."[49]

Os arquétipos são vivenciados na forma de representações ou imagens arquetípicas, entendidas por Jung como imagens internas que se mostram em sonhos, fantasias e mitos e, por sua vez, tanto trazem emoções sob determinadas formas quanto tornam possível um novo comportamento para compensar o já conhecido. Porém, permitem apenas determinadas formas da fantasia e da emoção; portanto, compõem uma estrutura. Pertencem à nossa configuração biológica básica, mas também são remodeladas do ponto de vista cultural. Imagens arquetípicas têm de ser formadas e traduzidas na linguagem do presente.[50] "A verdade eterna necessita da linguagem humana, que se altera com o espírito da época. As imagens primordiais são capazes de se transformar inúmeras vezes, sempre permanecendo as mesmas; porém, quando reconfiguradas, podem ser compreendidas de novo. Sempre requerem uma nova interpretação, caso não percam seu fascínio devido à obsolescência crescente de seu conceito."[51]

Talvez a tradução mais conhecida de um mito na linguagem atual seja a adaptação — ou a reformulação — do mito de Édipo por Freud. Como forma arquetípica, Édipo deve ter fascinado muito Freud!

Contudo, hoje a tradução de mitos na linguagem atual também se dá, por exemplo, nas histórias em quadrinhos, que retransmitem os antigos mitos a um grande público com o auxílio das mídias populares. Desenhos animados dos Estúdios Disney trabalham com temas míticos: Eros e Psiquê na versão do conto de fadas *A Bela e a Fera*. Os robôs domésticos na literatura de ficção científica foram inspirados nos *Heinzelmännchen*, duendes trabalhadores da lenda de Colônia. Os feitos de Héracles se refletem naqueles de heróis de faroeste, assim como, de modo geral, os mitos heroicos como o Super-Homem estão sempre em alta. Chama menos atenção a tradução de temas mitológicos em obras literárias contemporâneas ou, por exemplo, no renascimento dos anjos na literatura e na arte espirituais, tal como foram introduzidos nos últimos anos, pelo menos na Europa e nos Estados Unidos.

Segundo Jung, a relação com o inconsciente coletivo é muito importante para a terapia; é importante que o analisando "avance na esfera do inconsciente coletivo, onde primeiro descobre o tesouro das ideias coletivas e, depois, as próprias forças criativas. É desse modo que sua ligação com toda a humanidade se mostra a ele [...]".[52]

Ainda iremos nos ocupar do inconsciente coletivo como tesouro da humanidade. Mas também é importante saber que, segundo Jung, o material do inconsciente coletivo é algo "saudável", que ajudou a humanidade a sobreviver. Em contato com esse "tesouro da humanidade", passamos pelas imagens arquetípicas.

"De nada adianta acreditar que a base vital do ser humano seria apenas pessoal e, portanto, *une affaire scan-*

daleuse particular. Esse modo de pensar é totalmente improdutivo [...] Se arrancarmos o véu dessa representação nociva e errônea, sairemos da atmosfera estreita, abafada e pessoal para entrar no amplo campo da psique coletiva e na matriz saudável e natural da mente humana, ou seja, na alma da humanidade. Somente nessa base podemos adquirir uma visão nova e útil."[53]

O aspecto criativo — o efeito dos arquétipos

Em uma conferência de 1922, Jung se ocupa do aspecto criativo. Segundo ele, nas formas criativas é possível estudar o efeito dos arquétipos. Ele vê o processo criativo como algo amplamente autônomo na psique do indivíduo criativo. Contudo, esse indivíduo torna sua disposição e sua energia acessíveis a esse processo. De acordo com Jung: "[...] poderíamos até dizer que existe um ser que utiliza o indivíduo e suas disposições pessoais apenas como solo fértil, dispõe de suas forças segundo as próprias leis e assume a forma daquilo em que quer se transformar".[54]

O processo criativo é descrito aqui como um "ser" que quer realizar-se, impor-se e, para tanto, precisa de indivíduos criativos. Com o termo "ser", o aspecto criativo se torna uma contraparte em relação ao Eu agente, recebendo uma autonomia ainda maior. Contudo, também dá a impressão de que, nesse caso, atua uma personalidade interna. Mas quem seria? Não bastaria postular um impulso criativo em tudo o que é vivo, impulso esse que está por trás de todo desenvolvimento do ser humano, por trás da evolução, de todos os desenvolvimentos biológicos e mentais? Nessa visão do inconsciente, a consciência é não apenas influenciada, mas também conduzida: "Assume a forma daquilo em que quer se transformar".[55] O impulso criativo tem grande autonomia, mas também uma intenção, uma meta. Com isso se exprime a ideia da finalidade, que tem considerável importância na psicologia junguiana. Finalidade significa ser determinado por um objetivo; o acontecimento é determinado por um objetivo prévio, pressuposto, presente no inconsciente. Ideias semelhantes encontram-se no conceito de enteléquia, de Aristóteles: em todo organismo há uma força jacente que o leva de dentro para o autodesenvolvimento e a autocompletude.[56] O organismo tem seu objetivo em si mesmo.

O processo criativo que acomete o indivíduo criativo, obrigando-o a dar forma a alguma coisa, tem de ser desencadeado, iniciado, manifestado. Segundo Jung, "o processo criativo [...] consiste em uma animação inconsciente do arquétipo e em seu desenvolvimento e sua elaboração até a obra ser completada".[57]

No processo criativo, o arquétipo formado é traduzido na linguagem atual; o resultado criativo possibilita o acesso a fontes mentais que, do contrário, ficariam obstruídas ao indivíduo — trata-se aqui de significativos recursos psíquicos. Para Jung, esta também é a importância social da arte:

mesmo indivíduos com pouca criatividade podem entrar em contato com os temas arquetípicos neles formados e utilizar esses recursos em benefício próprio, à medida que participam dos produtos da arte. Isso vale para todas as criações que os indivíduos já produziram. Todo mundo já passou pela experiência de ser profundamente tocado pela frase de um escritor ou filósofo, por uma imagem, uma escultura, um conto de fadas ou um texto, de sentir que eles nos dizem alguma coisa e já não nos largam quando lidamos com eles de maneira emocional e cognitiva, que nos enriquecem dando ideias para nossa própria vida e para aquilo que está por vir. Nossos problemas entram em ressonância com as respectivas sugestões que a história da humanidade nos dá para resolver esses problemas.

Como fundamento para a animação inconsciente do arquétipo, Jung considera a unilateralidade, dessa vez não do indivíduo, mas da sociedade. A unilateralidade é experimentada por artistas e indivíduos isolados e é compensada por sua psique. A obra criativa provém da consternação pessoal, é formada com as próprias capacidades e habilidades, mas também é expressão de um processo criativo impessoal que se impõe no artista. Assim como Jung vê uma autorregulação no indivíduo, também a enxerga no sentido de uma regulação mental na vida da sociedade.

Incluí aqui essas passagens sobre o aspecto criativo por duas razões: por um lado, mostram muito bem como Jung imagina que os processos arquetípicos podem acontecer; ao mesmo tempo, torna-se claro como a ideia dos arquétipos e do inconsciente coletivo está ligada ao aspecto criativo: "[...] o arquétipo é uma figura, seja ela demônio, homem ou processo, que se repete ao longo da história quando a imaginação criativa atua sem limites".[58] O que Jung mostra na obra de arte também vale para o processo de individuação. Nele, imagens arquetípicas também são animadas e experimentadas na fantasia, precisam ser elaboradas e compreendidas para a própria vida. Então, o sentido pode ser vivenciado.

O caminho criativo como o ideal

O conceito dos arquétipos e o dos complexos estão ligados a fantasias, imaginações e, em última análise, ao estímulo à construção criativa. Portanto, não é de surpreender que, para Jung, é um objetivo da terapia adquirir uma atitude criativa. Segundo ele, além da relação terapêutica e em conexão com ela, adquirir essa atitude no processo terapêutico tem uma eficácia central no processo de individuação.

Para Jung, há um princípio criativo que determina tudo o que existe no mundo. O indivíduo precisa estar conectado a esse princípio, que também atua no físico e no emocional do ser humano. Assim, ele viverá em uma atitude criativa e estará ligado a seus recursos, e suas forças autorreguladoras poderão ser eficazes. Por certo, isso vale não apenas para um processo de individuação induzido por terapia, mas também para a vida de cada indivíduo.

"O aspecto criativo vive e cresce no indivíduo como uma árvore que do solo tira seus nutrientes. [Portanto,] fazemos bem em considerar o processo criativo de configuração como um ser vivo, implantado na alma do ser humano."[59] Esse impulso criativo também forma a personalidade. Em seu seminário sobre Zaratustra, Jung diz de maneira incisiva: "In creation you are created".[60] No processo criativo, a própria personalidade também é formada. Por isso, segundo ele, é primordial que toda pessoa se conscientize de seu instinto criativo no processo de individuação, instinto entendido como estímulo sem motivação consciente, independentemente de quão marcado ele possa ser.

Nisso se encaixa o objetivo terapêutico que Jung formulou em 1929: "O efeito que tenho como meta é a produção de um estado psíquico em que meu paciente comece a fazer experiências com seu ser, no qual nada mais é dado como definitivo e petrificado, sem deixar esperanças; é a produção de um estado de fluidez, de mudança e de transformação".[61]

Essa definição de meta terapêutica parece entusiástica — e, apesar de arrebatar, logo nos faz perguntar se algo assim é possível. É uma ilusão. O indivíduo se tornaria criativo, e isso também significaria que consegue lidar melhor com as dificuldades da vida, que sempre surgem. Tornar-se criativo como oposição a persistir no hábito paralisante, em que nada pode ser alterado; mobilidade no lugar de petrificação, que também poderia ser equiparada a resignação. Que diferença faz para a consciência que temos da vida se temos certeza de que as coisas nunca vão mudar ou se estamos convencidos de que sempre poderia ser diferente, que sempre teríamos opções? O termo "fluidez" faz pensar em água, a água que preenche os baixios, corre ao redor de pedras e encontra novos caminhos quando necessário. Essa seria uma atitude criativa, que nos auxilia quando não sabemos como lidar com a vida. A ideia e a experiência fundamental da psicologia analítica segundo C. G. Jung é que a psique se altera de modo criativo no sentido da autorregulação, ou seja, é criativa a fim de sempre voltar a um equilíbrio a partir de um desequilíbrio e conseguir adaptar-se às exigências do mundo externo e interno. Esse processo criativo ocorre entre o inconsciente, as estruturas arquetípicas, os complexos e a consciência — no diálogo da consciência com o inconsciente. O processo criativo se desenvolve dialeticamente entre dois polos, à medida que o outro, a contraparte, o Tu — e, com ele, também a contradição construtiva — é incluído. A criatividade é um processo dialógico, o antigo transparece no novo, na ressonância entre o antigo e o novo, nesse espaço intermediário, surge o outro, o desenvolvimento.

Atitude criativa por meio de métodos criativos

Segundo Jung, "no caso da fantasia criativa, trata-se de um processo em que conteúdos psíquicos saem do campo do inconsciente para entrar na consciência. Há lampejos, ou seja, algo que não pode, de modo algum, ser comparado ao lento processo de pensamento, realizado pela consciência. Assim, o inconsciente pode ser considerado um fator criativo e até mesmo uma inovação original, mas, ao mesmo tempo, é um reduto do conservadorismo".[62] Essas ideias exercem grande influência sobre a prática psicoterapêutica. Por ser criativo, o indivíduo consegue estabelecer uma ligação entre o inconsciente e a consciência, sobretudo ao utilizar na vida consciente aqueles conteúdos que nela faltam e estão presentes no inconsciente. Desse modo, também seriam eliminadas as unilateralidades que, segundo Jung, podem desencadear neuroses.

De acordo com ele, "o caminho criativo é o melhor para encontrar o inconsciente. Imagine, por exemplo, uma fantasia e elabore-a com todas as forças de que dispuser. Elabore-a como se a senhora mesma fosse a fantasia ou parte dela, tal como elaboraria uma situação de vida inevitável. Todas as dificuldades que encontrar nessa fantasia são a expressão simbólica de suas dificuldades psíquicas e, à medida que as dominar na imaginação, conseguirá superá-las em sua psique".[63] Essa citação é de 1932, muito antes de todas as formas de terapia que trabalham expressamente com o aspecto criativo terem sido desenvolvidas, como as que incluem a pintura, a música, a imaginação e a dança.

O mundo que percebemos nos é dado em imagens de representação, que se compõem dos elementos de todas as modalidades dos sentidos. Contudo, também podemos reconstruir situações a partir da lembrança, ou seja, formar representações de dentro para fora. "Enquanto estamos em vigília, a projeção da representação nunca cessa e ainda continua durante o sono, quando sonhamos. Poderíamos dizer que as representações são a moeda de nossa mente",[64] diz Damásio.

E Jung acrescenta: "A imaginação é a atividade reprodutiva ou criativa da mente de maneira geral, sem ser uma capacidade especial. [...] Para mim, a fantasia como atividade imaginativa é simplesmente a expressão imediata da atividade psíquica da vida, da energia psíquica, que só é dada à consciência na forma de imagens ou conteúdos, assim como a energia física só se manifesta como estado físico, que estimula os órgãos dos sentidos de modo físico".[65]

Com as imaginações, podemos trabalhar nossos conflitos e complexos; de maneira geral, podemos trabalhar nossas emoções, tranquilizarmo-nos, estimularmo-nos — junto com ideias e representações; podemos continuar a animar em nossa imaginação imagens culturais da humanidade, como contos de fadas, mitos, rituais, representações artísticas, e ser animados por elas. Nesse caso, entramos em ressonância com elas e, à nossa maneira, tornamo-nos criativos. A imaginação do ser humano é um recurso significativo. Por isso, é utilizada de diferentes modos por quase todas as orientações terapêuticas. Segundo Jung, "toda ideia boa e todo ato de criação partiu da imaginação [...]."[66] Infelizmente, a ela também devemos as más ideias. Para Jung, porém, na imaginação pode residir o que há de mais precioso no ser humano. A fim de realçar seu aspecto valioso, a imaginação precisa ser desenvolvida.[67]

Como se chega a essa imaginação? A capacidade de representação faz parte da nossa configuração básica, porém, é mais ou menos desenvolvida. E esse desenvolvimento também poder ser um pouco fomentado. Antes de tudo, simplesmente surgem fantasias passivas em forma de sonhos, mas também de devaneios que nos acometem.[68] Jung designa a fantasia ativa como intuição — entendida como um posicionamento orientado para a percepção de conteúdos inconscientes.[69] Nesse caso, também se trata de seguir percepções ainda frágeis, meras alusões de sentimentos, e tentar estabelecer relações. Conforme mencionado anteriormente, em indivíduos com alta capacidade criativa é possível reconhecer uma animação espontânea do inconsciente.

Na terapia, trata-se da animação ativa do inconsciente. Segundo Jung, quando não há sonhos nem fantasias que surjam de modo espontâneo, depende-se do auxílio da arte. Esse auxílio consiste em usar o estado afetivo do momento como ponto de partida, pois, de acordo com a autorregulação da psique, nesse distúrbio afetivo reside a energia que poderia ajudar o paciente a reformular sua vida de maneira mais eficaz. Portanto, o indivíduo se aprofunda no estado de espírito e registra por escrito todas as fantasias e associações que aparecem ou também as compõe de alguma outra forma. Esse procedimento, que determina em ampla medida todas as técnicas usadas no âmbito da terapia junguiana, remonta à experiência de Jung, apresentada em sua autobiografia *Memórias, Sonhos, Reflexões*[70] em relação a seu trabalho com o inconsciente. Ele descreve como lidou com uma situação em que aparentemente se sentia muito perturbado do ponto de vista emocional: "À medida que consegui traduzir as emoções em imagens, ou seja, encontrar aquelas imagens que nelas se escondiam, surgiu uma tranquilidade interna. [...] Meu experimento me permitiu reconhecer como é útil, do ponto de vista terapêutico, conscientizar-se das imagens existentes por trás das emoções".[71]

Portanto, dirige-se o interesse e a atenção para o inconsciente, espera-se um sonho, uma ideia, uma fantasia sobre determinado tema. Isso requer tempo e cuidado. Se o paciente não conseguir interessar-se por si mesmo, o analista precisa, primeiro, introduzir esse interesse e, aos poucos, despertá-lo no analisando.[72] As fantasias de temor, ligadas aos complexos, são fantasias e, na maioria das vezes, é a elas que se deve dedicar primeiro.

A animação ativa também se dá quando é feito um trabalho criativo com o que é mais importante para alguém e pelo qual, de todo modo, já existe um interesse. As pessoas também possuem uma tendência natural a exercitar a imaginação porque é prazeroso imaginar alguma coisa. Para tanto, tomamos emprestada a criatividade de outras pessoas, outras culturas, deixamo-nos estimular, usamos as obras criativas alheias, transformando-as e criando algo em ressonância com elas.

Na fantasia, temos um grau de liberdade maior do que na percepção do dia a dia: tempo e espaço podem ser ultrapassados. O que se pode transpor para o cotidiano a partir de um espaço em que se tem um grau de liberdade maior? Pelo menos a seguinte experiência fundamental: é possível ser diferente e até melhor.

Não estamos à mercê da vida, das outras pessoas nem de nós mesmos; podemos fazer alguma coisa. Para tanto, precisamos confiar na imaginação e na criatividade a ela ligada: assim, podemos delinear, entre outras coisas, cenários, imagens e esboços de nós mesmos, além de figuras de relacionamento. Em vez de "não é possível", temos opções. Algumas delas têm de ser levadas à realidade; do contrário, até podemos ter uma próspera vida de fantasias, mas não experimentamos no cotidiano o fato de que podemos mudar algo e de que somos eficientes por nós mesmos. Contudo, esse é um dos fundamentos para uma autoestima saudável. A imaginação também é um recurso para tempos difíceis:

mesmo quando externamente nossa vida se torna muito limitada, as imagens internas, as lembranças e a fabulação, quando nos são dadas, permanecem.

Imaginação ativa

Pelo conceito "imaginação ativa", Jung entende originariamente toda configuração do símbolo: como continuação pictórica de um símbolo na representação, uma imagem mais representativa do que pintada, uma escultura ou também uma dança de representação. Ao longo do tempo, passou-se a designar a "imaginação ativa" cada vez mais como o desenvolvimento de uma imagem de fantasia na vigília e o ato consciente de lidar com ela.

Jung menciona a imaginação ativa pela primeira vez em 1916, em seu artigo "A função transcendente".[73] Ainda não se refere explicitamente à imaginação ativa, mas fala sobre como as fantasias se fazem notar na forma de imagens internas ou palavras que precisam ser formadas quando a atenção crítica é desligada. Em uma carta de 1947, Jung ilustra com exatidão o que entende por imaginação ativa:

"Na imaginação ativa, é importante iniciar com uma imagem qualquer. [...] Olhe para a imagem e observe bem como ela começa a se desdobrar ou mudar. Evite toda tentativa de dar-lhe uma forma determinada; apenas observe quais mudanças surgem espontaneamente. Cedo ou tarde, toda imagem psíquica que o senhor observar desse modo irá se remodelar, e isso com base na associação espontânea que conduz a uma ligeira alteração da imagem. Há que se ter cautela e paciência para evitar pular de um tema para outro. Mantenha-se na imagem escolhida e espere até ela mudar por si mesma. O senhor terá de observar todas essas transformações com atenção e, por fim, entrar na imagem: se surgir uma figura falante, então diga o que tem a dizer e ouça o que ele ou ela tem a dizer. Desse modo, o senhor poderá não apenas analisar seu inconsciente, mas também lhe dar uma oportunidade para analisá-lo. Assim, aos poucos, criará a unidade de consciência e inconsciente, sem a qual não existe nenhuma individuação."[74]

Nessa descrição da imaginação ativa, fica claro que tanto a percepção da imagem interna quanto a ocupação dialética verbalizada com formas internas podem desempenhar um papel. Também é visível que, na imaginação ativa, o modelo de formação do símbolo, tal como descrito por Jung, funciona como pano de fundo teórico: o inconsciente se mostra, precisa ser percebido. No diálogo com o Eu consciente, com a atitude consciente, ambos se alteram — surgem símbolos alterados ou novos. Esses símbolos são marcos do processo de individuação.

A seguinte citação de Jung mostra quanto, para ele, a imaginação ativa está relacionada ao processo de individuação e à sua ideia de que o inconsciente e a consciência têm de se unir:

"É preciso entrar na fantasia e forçar as figuras a se justificarem. Somente desse modo o inconsciente será integrado à consciência por um processo dialético, ou seja, pelo diálogo entre a senhora e as figuras inconscientes. O que ocorre na fantasia precisa acontecer com a senhora, que não pode deixar-se representar por uma figura de fantasia. É necessário conservar o Eu e modificá-lo apenas por meio do inconsciente, que tem de ser reconhecido em sua justificativa e só ser impedido de reprimir e assimilar o Eu."[75]

Jung recomendou o trabalho com a imaginação ativa para que, ao final da análise, o paciente ficasse independente do analista e pudesse ter autonomia para lidar com o inconsciente, mesmo em situações de grandes afetos.[76]

O processo
de individuação

O processo de individuação é descrito como semelhante ao processo criativo. A individuação é o conceito central da psicoterapia junguiana. Em seu comentário ao texto de sabedoria chinesa *O Segredo da Flor de Ouro*, traduzido e explicado por Richard Wilhelm, Jung escreve em 1928: "Nesse meio-tempo, eu aprendera a compreender que, no fundo, os maiores e mais importantes problemas da vida são todos insolúveis; e assim têm de ser, pois exprimem a polaridade necessária, que é imanente a todo sistema autorregulador. Nunca podem ser resolvidos, apenas superados pelo crescimento. Portanto, questiono-me se essa possibilidade de superação pelo crescimento, ou seja, de evolução psíquica, não seria o dado normal, e a permanência junto a um conflito ou dentro dele, o dado patológico."[77]

Em seguida, acrescenta ter constatado que algo novo ocorreu, interna ou externamente, nas pessoas que de fato superaram suas dificuldades pelo crescimento; que elas aceitaram essa novidade e cresceram com ela. Embora o novo, dado pelo destino, não correspondesse às expectativas, era "uma expressão curiosamente apropriada da personalidade como um todo".[78] Mas como esse novo pode ser percebido e assimilado? "É preciso deixar que aconteça em um nível psíquico."[79] Mais tarde, Jung fala de fragmentos de fantasia, com os quais é necessário lidar. A ideia soa inofensiva, e ele também se corrige: trata-se de "colocar-se como a tarefa mais séria".[80] A percepção das fantasias leva a um processo centralizador na psique. Com base em observações de analisandos, para os quais o encerramento do trabalho com o analista não significou o fim de sua ocupação com o inconsciente, Jung postulava "que na alma há um processo que busca uma meta e, por assim dizer, é independente das condições externas", e essas observações o teriam "libertado da preocupação de que eu mesmo poderia ser a única causa de um processo psíquico impróprio (e, portanto, talvez contrário à natureza)".[81] Destarte, a partir do inconsciente, ao homem é submetido um impulso de desenvolvimento a ser assimilado. Por meio desse impulso, que se mostra em sonhos e, sobretudo, em séries de sonhos e imaginações,[82] a unicidade do ser humano torna-se cada vez mais evidente, e a própria personalidade, cada vez mais visível.

O objetivo do processo de individuação é se tornar, ao longo da vida, cada vez mais aquele ou aquela que somos na verdade, cada vez mais autênticos, cada vez mais nós mesmos e em consonância conosco. Assim, segundo Jung, seremos saudáveis e sentiremos nossa vida como algo que faz sentido. Como símbolo do processo de individuação, Jung e, mais tarde, Marie-Louise von Franz usaram reiteradas vezes a imagem de uma semente e da árvore que cresceu a partir dela.[83] Desse modo, de um carvalho nascerá outro carvalho, ele não pode decidir transformar-se em faia. Contudo, um ser humano pode viver em sentido figurado algo que não se adapte a ele. Mas isso ocorre com a minoria. Dependendo de onde o fruto do carvalho caiu, irá se desenvolver de maneira diferente. As tempestades irão emaranhá-lo em maior ou menor medida, um bom ambiente para ele irá permitir-lhe transformar-se em uma árvore estável. Somente o carvalho adulto — e leva muito tempo até isso acontecer — é expressão do que fora depositado na semente.

Para Jung, o processo de individuação era, sobretudo, o processo de desenvolvimento na segunda metade da vida. Jung foi o primeiro a postular um desenvolvimento até a morte, e a ele interessavam, em particular, os desenvolvimentos ocorridos na segunda metade da vida. Em 1930, proferiu uma palestra sobre o tema do ponto de virada na vida.[84] Era da opinião de que, na primeira metade da vida, o homem quer alcançar os objetivos sociais: profissão, relacionamento, família, prestígio, e que isso se dá à custa da "totalidade da personalidade". Supõe que essa unilateralidade esteja por trás das depressões que, nessa época,

53

pareciam-lhe ter aumentado. Supõe que, por trás das depressões, haja uma "vida que também poderia ter sido vivida".[85] Segundo Jung, no ponto de virada da vida ocorre uma mudança significativa na alma humana: características desaparecidas desde a infância tornam a aparecer. Alguns interesses se atenuam, outros passam para o primeiro plano. Convicções se exacerbam, tornando-se fanatismo.

O que é nocivo na primeira metade da vida — tal como ocupar-se demasiadamente do próprio inconsciente — agora é necessário. É preciso encontrar novos objetivos, e Jung os vê na ocupação com o inconsciente e, em última instância, com o "si-mesmo". Essa ocupação confere um sentido à vida e providencia uma orientação. Jung considera que uma vida orientada para um fim é sempre melhor do que uma vida sem objetivo. Nesse sentido, em outras épocas a religião era uma espécie de escola da vida, uma escola para a segunda metade da vida, para a velhice, a morte; agora (em 1930), ela não o é mais. Ele achava que a longevidade do homem deve ter um sentido, que o entardecer da vida não pode ser apenas "um apêndice deplorável da manhã"[86]. Perguntava-se se o desenvolvimento da "cultura" poderia ser o sentido e a finalidade da segunda metade da vida.

Como se dá a individuação

O processo de individuação surge em uma ocupação contínua com o mundo externo e o interno dentro de relacionamentos. Sempre se questiona, por exemplo, quais estímulos os sonhos, por exemplo, dão a determinadas situações de vida, quais fantasias surgem, quais objetivos, desejos e intenções estão ligados a essas situações. Símbolos, fantasias em forma de representações criativas, mas também em forma de lembranças, desempenham um importante papel no processo de individuação. Nele se trata de desenvolver o que está por vir, integrar o que foi reservado, descartar e sacrificar o que foi superado.

Esse processo consiste em ocupar-se continuamente da consciência e do inconsciente, e essa ocupação se mostra nas tensões e nos padrões do relacionamento humano, bem como na tensão entre introversão e extroversão.[87] Essas oposições têm de ser mantidas até a formação de novos sistemas, que se mostrarão em símbolos. Desde o início, Jung postulava: "Apenas por meio do símbolo o inconsciente pode ser alcançado e expresso [...]".[88]

Ao longo desse processo, alguns dos arquétipos mais importantes, como *animus* e *anima* — imagens do(s) estranho(s) misterioso(s) que, por um lado, causam a separação dos complexos parentais e, por outro, conduzem mais ao próprio centro e controlam as relações —, e as múltiplas imagens da sombra são animados, trabalhados e, na medida do possível, integrados à vida consciente.

"A princípio, o caminho para o objetivo é caótico e imprevisível, e apenas aos poucos multiplicam-se as indicações de uma meta. Ao que parece, o caminho não é retilíneo, mas cíclico. Um conhecimento mais exato o demonstrou como uma *espiral*: a determinados intervalos, os motivos do sonho sempre remontam a determinadas formas que, em conformidade com sua natureza, indicam um centro. Trata--se, para ser mais exato, de um ponto central ou de uma disposição centralizada que, em certas circunstâncias, já aparece nos primeiros sonhos. [...] Contudo, em uma observação mais detalhada, essa evolução se mostra como cíclica ou espiralada. Poderíamos estabelecer um paralelo entre essas evoluções espiraladas e os processos de crescimento das plantas, assim como o tema dos vegetais (árvores, flores etc.), por sua vez, retorna com frequência a esse tipo de sonho e fantasia [...]."[89]

Por um lado, o processo de individuação, tal como Jung o descreve, é um processo de integração: ao longo da vida, integramos a nós os diferentes aspectos que nos pertencem. O estímulo para tanto pode vir de nosso inconsciente ou da ocupação com o ambiente social. Na maioria das vezes, ambos estão ligados: recebemos estímulos dos nossos semelhantes, mas também projetamos neles nosso próprio aspecto psíquico, que ainda é estranho para nós, e, ao lidarmos com eles, conscientizamo-nos de aspectos da nossa personalidade. Mas também pode ser apenas um sonho importante a nos mostrar que é urgente uma mudança na postura de vida.

O processo de individuação é não apenas um processo de integração, mas também de delimitação, de ganho crescente de autonomia e liberdade. Por um lado, delimitação significa ocupação consciente com a consciência coletiva, com papéis, normas e autoridade; por outro, também significa uma separação dos complexos parentais, uma ocupação com os complexos em geral, que não nos possibilitam viver o que queremos, mas provocam em nós certa compulsão à repetição.[90]

Nesse meio-tempo, também se fala de um processo de individuação da primeira metade da vida: nele, a separação dos complexos parentais costuma desempenhar um papel relevante. Porém, seria errôneo supor que essa etapa do desenvolvimento na metade da vida já está realizada, pois ela parece ser sempre iminente.[91]

O processo de individuação é uma busca persistente pelo "Self" na relação com meu inconsciente, meus semelhantes e o ambiente social. E há sempre respostas que me mostram como ser humano único, com demandas únicas em relação à vida, sempre de maneira provisória, predisposto à possibilidade de retificação.

A individuação é um processo e, em última instância, também um objetivo, que, por sua vez, é tornar-se inteiro — uma utopia que nunca alcançamos; na melhor das hipóteses, encontramo-nos a caminho dela, e sempre empacamos nesse caminho. Entretanto, o processo preenche de sentido a duração da vida.[92]

No processo de individuação como processo interno e subjetivo de integração, o indivíduo conhece cada vez mais aspectos em si e entra em contato com eles, unindo-os à imagem que tem de si mesmo, por exemplo com a retirada de projeções. O que foi esquecido pode ser integrado à vida, e dissociações podem ser suprimidas. O processo de individuação também é um processo interpessoal e intersubjetivo de relacionamento. Segundo Jung, "pois a relação com o si-mesmo é, ao mesmo tempo, a relação com o próximo, e ninguém tem uma conexão com o próximo sem antes a ter consigo mesmo".[93] Hoje essa circunstância já não é entendida como uma sucessão temporal, mas dialética: a relação com o si-mesmo e o próximo é mutuamente condicionada. O processo de individuação também promove a consciência da coletividade humana, "porque conduz à consciência o inconsciente, que une todas as pessoas e é comum a todas elas. A individuação é tornar-se uno consigo mesmo e, ao mesmo tempo, com a humanidade da qual também se faz parte".[94]

Portanto, no processo de individuação, trata-se não apenas de obter autonomia e, com ela, mais liberdade, mas também da evolução para uma capacidade maior de relacionamento e para mais autenticidade. Trata-se de ter autonomia dentro do relacionamento, de entender-se e perceber-se como um ser humano em meio a outros e que, no fim, todos nós dependemos uns dos outros, mas também podemos nos inspirar uns nos outros e talvez até só consigamos alcançar o que constituiu nossa identidade quando somos percebidos por outros seres humanos.

O si-mesmo

O processo de individuação é um processo de amadurecimento humano, determinado pelo arquétipo. Jung postula um centro no ser humano, que visa a esse processo de individuação e o ocasiona: o si-mesmo, com o qual o complexo do Eu se defronta. Jung introduziu o conceito de "si-mesmo" para representar o arquétipo da totalidade, pois percebeu "símbolos da totalidade" em sonhos, visões e na imaginação ativa. Esses são, sobretudo, "constructos geométricos, que reúnem em si os elementos do círculo e da tétrade".[95] Por essa razão, Jung também designa o si-mesmo como arquétipo da ordem. "Esses constructos não apenas exprimem a ordem, mas também a ocasionam."[96] O si-mesmo é também o arquétipo da centralização: "Diante da perigosa tendência à dissolução, surge do mesmo inconsciente coletivo uma reação na forma de um processo de centralização, marcado por símbolos inequívocos. Esse processo cria nada menos do que um novo centro de personalidade, que, em um primeiro momento, por meio de símbolos, é caracterizado como sendo superior ao Eu e, mais tarde, também se mostra como superior do ponto de vista empírico. [...] A experiência do si-mesmo [...] é um evento vital e fundamentalmente cambiante. Chamei de processo de individuação aquele que conduz a essa experiência".[97]

"Por um lado, esse processo de humanização é representado em sonhos e imagens internas como uma composição feita de muitas unidades, como uma coleção de fragmentos e, por outro, como o surgimento progressivo e o esclarecimento de algo que sempre existiu."[98]

"Por um lado, como reunião de partes fragmentadas, a conscientização é uma realização consciente da vontade do Eu; por outro, porém, também significa um surgimento espontâneo do si-mesmo, que sempre existiu. Por um lado, a individuação aparece como síntese de uma nova unidade, que antes consistia em partes fragmentadas; por outro, porém, surge como a manifestação de um ser que é preexistente ao Eu e do qual é pai ou criador e totalidade. De certo modo, criamos o si-mesmo tornando conscientes conteúdos inconscientes [...]. Contudo, somos motivados a esse esforço por meio da existência inconsciente do si-mesmo, do qual partem as mais fortes determinações para a superação do inconsciente."[99]

Com o processo de integração, dissociações são suprimidas e o próprio ser torna-se cada vez mais claro, visível e tangível, ou seja, oposições e, portanto, tensões na própria psique são suprimidas e sempre se chega a uma reconciliação consigo mesmo.[100] Esse movimento rumo à integração pode ser estimulado pelo si-mesmo. Uma compreensão problemática do si-mesmo consiste em tratá-lo como um ser passível de objetivação ou uma pessoa superior, tal como ele pode aparecer em sonho. Porém, o si-mesmo não é um

60

objeto, mas um "processo de formação" do aspecto psíquico. "Como conceito empírico, o si-mesmo designa a extensão de todos os fenômenos psíquicos no ser humano. Exprime a unidade e a totalidade da personalidade. Contudo, se essa personalidade só pode ser parcialmente consciente em razão de sua participação inconsciente, na verdade, o conceito do si-mesmo é, em parte, potencialmente empírico e, portanto, na mesma medida, um postulado. Em outras palavras, ele abrange o que pode ou não ser experimentado ou o que ainda não o foi. [...] Se a totalidade, que consiste em conteúdos tanto conscientes quanto inconscientes, é um postulado, seu conceito é transcendente, pois ela pressupõe a existência de fatores inconscientes a partir de princípios empíricos e, com isso, caracteriza uma essência que pode ser descrita apenas em parte, mas, por outro lado, permanece por algum tempo irreconhecível e ilimitável."[101] Como algo transcendente, o si-mesmo não pode ser um objeto, mas dar início a uma dinâmica na psique.

"Do ponto de vista intelectual, o si-mesmo [...] significa apenas uma hipótese. Em contrapartida, seus símbolos empíricos costumam possuir uma *numinosidade* significativa (por exemplo, a mandala), ou seja, um valor sentimental *a priori* [...], e ele se mostra como uma representação arquetípica, que se distingue de outras representações dessa natureza à medida que assume uma posição central, correspondente à importância de seu conteúdo e de sua numinosidade."[102]

"Pode tornar-se símbolo do si-mesmo tudo o que o ser humano pressupõe que tenha uma totalidade mais abrangente do que a sua própria. Por isso, de modo algum o símbolo do si-mesmo possui sempre aquela totalidade exigida pela definição psicológica, tampouco a figura de Cristo, pois a ela faltam o lado obscuro da natureza psíquica, a escuridão do espírito e o pecado. Porém, sem integração do mal, não há totalidade, e ela não pode ser 'introduzida à força na mistura'."[103]

Para Jung, esses símbolos do si-mesmo são próximos daqueles destinados à imagem divina: "Conforme já enfatizado diversas vezes, na prática, os símbolos espontâneos do si-mesmo (da totalidade) não podem ser distinguidos de uma imagem divina [...]".[104]

E ainda: "[...] de todo modo, a alma tem de conter em si uma possibilidade de relacionamento, ou seja, uma correspondência com o ser divino; do contrário, nunca poderia acontecer uma relação. Formulada do ponto de vista psicológico, essa correspondência é o arquétipo da imagem divina".[105]

Há boas razões para supor que a vida psíquica não pode ser controlada apenas pelo Eu. Quantas vezes já não passamos pela experiência de dizer alguma coisa que, na verdade, não gostaríamos de ter dito, de sermos "subjugados" por um sentimento quando nossa intenção era permanecer serenos? Temos sonhos que nos confrontam com conteúdos totalmente estranhos para nós. Não poderíamos sequer sonhar que temos em nós tais aspectos da personalidade — é o que dizemos —, mas, mesmo assim, sonhamos com eles. Somos dependentes e influenciados por tendências inconscientes que não são racionais e que também não podem ser controladas apenas com a nossa vontade. Se pensarmos assim, então o Eu não é a instância suprema, mas uma ligação entre aquilo que Jung chama de si-mesmo e o Eu. Jung associa esse centro interno à imagem divina. Um psicólogo nada pode declarar sobre a existência de Deus. Jung percebe muito bem essa restrição epistêmica e enfatiza que o surgimento de imagens divinas também nada pode declarar a respeito da existência de Deus.[106] Contudo, o psicólogo é capaz de constatar que, nos sonhos, nas imaginações ou nas visões de seres humanos, símbolos essenciais do si-mesmo podem coincidir com imagens divinas.

Em sua inspiração, indivíduos muito criativos também se sentem dependentes de uma "fonte criadora", mas talvez não a associem a uma imagem divina. O que quero dizer é que o si-mesmo pode mostrar-se no símbolo da imagem divina, mas também como "fonte criadora". Entretanto, a função parece ser, de um lado, inspirar e, de outro, neutralizar tensões na obra de criação. Trata-se de um centro de vivacidade inexaurível.

Tal como todos os arquétipos, esse arquétipo central do si-mesmo está ligado ao aspecto criativo. Também se poderia entender o si-mesmo como fonte criadora. Se as pessoas, tal como pretendia Jung manifestamente, entram em contato com seu lado criativo, então acabam se conectando com seu mundo interno e entram em contato com as forças autorreguladoras da psique. Segundo Jung, isso tem poder de cura.

Do si-mesmo, Jung diz que haveria um princípio condutor no ser humano, o espírito misterioso que rege nossa vida, aquilo que faz com que sejamos nós e nos desenvolvamos.[107] O si-mesmo atua como princípio apriorístico de criação em nós, que também governa a construção do complexo do Eu e nosso sentimento de identidade. Além disso, o si-mesmo será visto como a causa da autorregulação da psique.

Na qualidade de arquétipo central, o si-mesmo é descrito por Jung como fundamento e origem da personalidade individual e a abrange no passado, no presente e no futuro.[108] Do ponto de vista simbólico, o si-mesmo também aparece em símbolos abstratos que representam uma totalidade; por sua natureza, contêm muitas oposições possíveis, que, no entanto, não devem ser suprimidas, como o círculo, a esfera, a cruz etc.

Se o arquétipo do si-mesmo é vivenciado — na maioria das vezes em sonhos ou pintado em imagens —, então surge uma sensação de autocentramento, de fatalidade de uma situação, acompanhada pela vivência de uma identidade inquestionável e de um sentido irrefutável, com uma autoestima segura e uma confiança na vida.

A esse respeito, diz Jung: "Ele [o ser humano] tem de estar só para experimentar o que o carrega quando já não consegue se carregar. Apenas essa experiência lhe dá um fundamento indestrutível".[109]

Do ponto de vista estrutural, o si-mesmo vale como arquétipo da ordem e do autocentramento; do ponto de vista da dinâmica, é o arquétipo que estimula a individuação do si-mesmo. Portanto, o si-mesmo é visto como arquétipo da ordem e do centramento; dele parte um impulso para o desenvolvimento e para a autorrealização.

Poderíamos designar o si-mesmo sobre o qual discorri até agora como cada si-mesmo próprio, aquilo que estimula a totalidade do momento para o indivíduo e tem de ser realizado por meio do Eu. A relação entre si-mesmo e Eu é a de uma consolidação recíproca — um não pode existir sem o outro.

Em seguida, Jung fala *do* si-mesmo". "*O* si-mesmo" seria, então, o ser humano eterno ou universal em nós, "o ser redondo, ou seja, perfeito dos primórdios e do fim dos tempos, início e objetivo do ser humano de modo geral".[110]

Autorrealização e individuação seriam não apenas uma necessidade pessoal, no sentido de que não vivemos como cópia, e sim de que podemos realmente desenvolver o que está fundamentado em nós como próprio; não apenas algo que transmite sentido e significado à própria vida. A individuação também seria um esforço pelo desenvolvimento do humano em si, do humano coletivo. Mas isso também significa: o que ocorre a mim pode ser único para mim, mas também já aconteceu a outra pessoa e pôde ser controlado — individuação entendida como "tornar-se uno consigo mesmo e, ao mesmo tempo, com a humanidade da qual também se faz parte".[111]

Em *Mysterium Coniunctionis*, obra escrita já no final de sua carreira, Jung menciona uma terceira etapa do si--mesmo, não mais a partir da própria vivência, e sim referindo-se ao alquimista Dorneus, segundo o qual o homem integral pode unir-se ao *Unus Mundus*, o potencial mundo inteiro do primeiro dia da criação. Isso significaria que o si--mesmo, que, a princípio, é um centro intrapsíquico do ser humano, com grande força de autorregulação e ordenação, também se harmoniza com o mundo externo e, em última instância, também está conectado ao cosmos como um todo. Por fim, graças a essa ideia, o cosmos inteiro é entendido como um organismo. O homem, dotado de consciência e de um inconsciente pessoal, tem seu fundamento em um inconsciente coletivo incomensurável, comum a todos os seres humanos. Nessa visão, sempre se trata de suprimir dissociações e de transferir tensões para uma nova unidade.

A conscientização do si-mesmo depende da relação com outras pessoas. "Como tal, o si-mesmo não se torna consciente *eo ipso*, mas, quando transmitido, isso sempre acontece graças a uma tradição de sabedoria (por exemplo, a doutrina purusha-atman!). Como ele representa a essência da individuação e esta não é possível sem a inclusão do ambiente individual, o si-mesmo também se encontra entre aquelas pessoas que têm ideias afins, com as quais é possível estabelecer relações individuais."[112]

"O homem sem relação não tem totalidade, pois só a alcança por meio da alma, que, por sua vez, não pode existir sem seu outro lado, que sempre se encontra no 'Tu'. A totalidade consiste da combinação entre Eu e Tu, que aparecem como partes de uma unidade transcendente, cuja essência só pode ser compreendida de maneira simbólica, por exemplo, por meio do símbolo do círculo, da rosa, da roda ou da 'coniunctio Solis et Lunae'."[113]

Em uma nota de rodapé, Jung especifica: trata-se da "união consciente do Eu com tudo aquilo que se abriga como projeção no 'Tu'. Portanto, isso significa que a produção da totalidade é um processo intrapsíquico, que depende essencialmente do fato de o indivíduo estar relacionado a outra pessoa. A relação em si é uma etapa prévia e uma possibilidade de individuação, mas não prova a existência da totalidade. A projeção na contraparte feminina contém a *anima* e é possível que também contenha o si-mesmo".[114]

Nesse caso, não conseguimos nos livrar da impressão de que o outro indivíduo é apenas uma superfície de projeção e de que a relação é necessária porque, sem ela, as projeções não podem ser retomadas. Contudo, parece-me mais importante a ideia de que as relações com outras pessoas não são suficientes para se ter uma vida satisfatória. Em outras palavras, para se ter uma vida satisfatória, é preciso não apenas ter relações satisfatórias com os semelhantes, mas também uma ligação com o mundo interno, que, em última instância, é uma ligação espiritual. Entretanto, por sua vez, essa ligação interna tampouco se dá sem a relação com os semelhantes.

Em primeiro lugar, para Jung, não se trata de melhorar as relações de seus pacientes com seus semelhantes. Muitas vezes ele formula que seus pacientes têm relações satisfatórias com seus semelhantes, mas sofrem da falta de sentido da vida. Mesmo hoje esses pacientes, que prefiro chamar de analisandos, fazem análise. Por outro lado, há muitas pessoas que sofrem por causa de suas relações com seus semelhantes, e essas relações podem ser consideravelmente melhoradas quando se trabalha com episódios de complexos. É possível que neles o sentido da vida seja experimentado e o indivíduo já não se questione a respeito.

Caso, ao longo do processo de individuação, se consiga integrar aspectos que antes estavam dissociados e não podiam ser aceitos, em geral as relações com os semelhantes também melhoram. Quem consegue se aceitar melhor com seus próprios defeitos também consegue aceitar melhor os outros e é mais empático e criativo ao lidar com os problemas do cotidiano. No entanto, também se constata que o encontro com o mundo interno é ainda mais interessante e que se sobressai um padrão de vida em que ela se mostra cada vez mais harmônica.

O que um processo de individuação provoca

A esse respeito, diz Jung: "Podemos constatar um efeito significativo na personalidade consciente. O fato de que essa mudança eleva a consciência que se tem da vida e a mantém fluindo nos leva a concluir que uma funcionalidade peculiar é inerente a essa mudança".[115] Por conseguinte, a tarefa da psicoterapia seria "servir incessantemente ao objetivo do desenvolvimento do indivíduo. Desse modo, nosso esforço segue a aspiração da natureza de desdobrar em cada indivíduo a maior quantidade possível de vida, pois somente no indivíduo ela pode cumprir seu sentido [...]".[116] Por fim, no processo de individuação, trata-se de buscar vivacidade, experiência sensorial e capacidade de relacionamento. Nesse sentido, importantes experiências do processo de individuação se mostram em símbolos.

A sombra

Segundo Jung, o conceito de sombra é de grande importância para o convívio dos seres humanos, bem como para as reflexões sobre ética e moral, para a melhor compreensão de irritações e conflitos e, por fim, também para o perdão e a reconciliação consigo mesmo.[117] Sobretudo a reconciliação consigo mesmo está vinculada à integração e suprime divisões. Porém, isso só é possível se olharmos para nossa sombra e nos responsabilizarmos por ela.

O conceito de sombra parte do princípio de que nós, seres humanos, gostamos de nos apresentar um pouco mais belos do que somos, de que, em nossa apresentação de nós mesmos, queremos satisfazer nosso próprio ideal, mas também aquele de nossos semelhantes. Isso significa que sempre temos aspectos que não mostramos e que nós próprios não queremos perceber. Todos aqueles aspectos que não conseguimos aceitar em nós mesmos porque não correspondem ao nosso ideal de nós são chamados de partes da sombra.[118] A sombra não é determinada pelo conteúdo; não se pode, por exemplo, dizer que ser invejoso é sempre um aspecto da sombra, embora a muitos de nós possa parecer assim, pois, para nós, não sentir inveja é um valor que queremos pôr em prática em nossa vida. Mas também pode acontecer de a inveja ser um valor para alguém que a considere aceitável. Em termos de conteúdo, a sombra se revela somente em confronto com o ideal e os valores que queremos realizar em nossa vida.

Se somos flagrados em um comportamento que consideramos sombrio, ficamos muito constrangidos e nos envergonhamos. Um homem mais velho, que goste de se mostrar como uma pessoa muito modesta e assim gostaria de ser sempre, irá se sentir culpado se for flagrado exigindo com arrogância alguma coisa de seus semelhantes — achará que se trata de um comportamento sombrio que, na verdade, não pode ser controlado. Antes de conseguir refletir a respeito, já agiu de maneira sombria.

A própria sombra é algo que nos incomoda muito. Em contrapartida, a sombra das outras pessoas ou aquilo que consideramos sua sombra pode ser fascinante. Interessamo-nos pelo comportamento sombrio de nossos semelhantes, que chega a ter algo vitalizante, em especial quando se trata da sombra de pessoas das quais se espera que não tenham sombras, como autoridades eclesiásticas, políticos etc. O que seria da imprensa sensacionalista sem nosso interesse pela sombra dos ricos e belos?

Em nossos aspectos sombrios também costumam se esconder lados vitais, que, um pouco domesticados, talvez possam tornar nossa vida muito mais intensa. Muitas vezes, na sombra se esconde o que não estaríamos autorizados a viver, pois queremos ser uma boa moça ou um bom rapaz. Em todo caso, se a sombra nos pertence, ela também é um aspecto de nossa personalidade, a princípio, um aspecto um pouco mais difícil.

Podemos conhecer esses aspectos e, nesse caso, eles são desagradáveis, incômodos, constrangedores para nós; tentamos controlá-los ou até reprimi-los. Em geral, rejeitamos a sombra, projetando-a em nossos semelhantes. Eles é que são insensíveis, esbanjadores e invejosos — nós, não! Projetamos nossos lados sombrios no parceiro. De repente, já não sabemos quem, na verdade, é mesquinho e destrutivo na dinâmica de um relacionamento. E, algumas vezes, brigamos muito com nosso parceiro ou nossa parceira e reclamamos uma mudança, quando, na verdade, nós é que teríamos de mudar. Contudo, nessas situações, não compreendemos isso de modo algum.

Se achamos que reagimos de maneira sombria, ficamos constrangidos, arrependemo-nos de nosso comportamento e nos envergonhamos. No entanto, também podemos ter menos consciência dos lados sombrios — e, nesse caso, os encontramos no sonho. Sonhamos com pessoas que percebemos como "ensombrecidas". Pessoas que criticamos e achamos desagradáveis.

Mas não apenas os aspectos que rejeitamos em nós mesmos e que pensamos não ter manifestam-se como sombras. Também podemos sentir como sombrios aspectos de nossa personalidade que são estranhos para nós. Somos sempre estranhos para nós mesmos; novos aspectos de nossa psique, que não sentimos como pertencentes à nossa personalidade, são sempre reavivados. Aquilo que estimula o nosso desenvolvimento nos parece estranho no início. O estranho em nossa psique é sinistro para nós, desencadeia medo e fascina. Em uma relação, aspectos estranhos do parceiro ou da parceira são algo estimulante, algo que sempre desperta o fascínio — mas, às vezes, também o medo, por exemplo quando ele ou ela passa a apresentar um comportamento muito estranho. É fácil projetarmos nos outros o medo do estranho em nossa psique, que vivenciamos de maneira sombria e, a princípio, também rejeitamos. De repente, esses outros se tornam tudo o que não aceitamos com facilidade e talvez também temamos.

Em correspondência com a ideia de Jung de que existe não apenas um inconsciente pessoal, mas também outro coletivo, de que nós, seres humanos, somos não apenas seres individuais, mas também, como indivíduos, estamos enraizados na cultura da humanidade, participando dela, podendo utilizá-la para nossa vida individual, ele também fala de uma sombra coletiva. Todos nós participamos de todos os aspectos sombrios que ocorrem no mundo. Se os seres humanos são destrutivos — e aqui a sombra seria determinada pelo conteúdo —, então essa destrutividade nos influencia, mesmo quando não participamos dela diretamente. Platão já dizia que a visão do feio desperta o feio na própria alma.

Em situações de conflito, também se fala em sombra. Se os envolvidos conseguem ver suas partes sombrias, é mais fácil perdoar e se reconciliar. Se em uma situação alguém assume a culpa, pede perdão e tenta reparar o prejuízo, a relação entre as pessoas pode ser totalmente diferente do que quando alguém nunca tem culpa e faz dos outros bodes expiatórios.

Se aspectos sombrios puderem ser aceitos, as pessoas se tornarão mais humanas e amáveis; nesse caso, a sombra pode ser responsabilizada, tanto quanto possível. Esse também é um importante aspecto do "tornar-se inteiro", tal como a individuação também é chamada: o homem consiste não apenas em aspectos claros, mas também naqueles escuros. Porém, isso não significa que se deva deixar o caminho livre para os aspectos escuros.

Entretanto, é preciso ter uma autoestima bem equilibrada para conseguir aceitar a sombra e responsabilizá-la. Jung considera a ocupação com a sombra uma tarefa a ser realizada no início do processo de individuação. Pode ser, mas não necessariamente. Para muitos pacientes, no início de uma terapia é fácil desequilibrar a autoestima; por isso, ainda não conseguem ver o comportamento sombrio ou só conseguem fazê-lo de maneira rudimentar. Contudo, essa atribuição de Jung é problemática também por outra razão: a ocupação com a sombra é uma tarefa difícil, que dura a vida inteira e nunca chega a um fim; todo novo ideal nosso recria sombras.

Se soubermos que também temos lados escuros, iremos nos considerar de maneira mais realista, mas também iremos considerar as outras pessoas de maneira mais próxima da realidade. Não ficaremos tão ofendidos se alguém — em nossa opinião — nos tratar de modo sombrio, por exemplo nos enganando ou mentindo. Sabemos que poderiam surgir circunstâncias na vida em que faríamos a mesma coisa. Assim, tornamo-nos mais tolerantes ao lidar com comportamentos problemáticos. Que fique bem claro: isso não significa que esse comportamento tenha de ser aceito; só não nos comportamos como se o outro fosse completamente mau, e nós, completamente bons.

Para ser mais específico: se conseguirmos ver em conflitos concretos de que maneira nossos próprios aspectos sombrios contribuíram inconscientemente para a dinâmica do conflito, teremos como lidar com esses aspectos. Já não será tão fácil que apenas uma pessoa seja a culpada e as outras, inocentes; ao contrário, a colaboração de vários comportamentos problemáticos leva, por exemplo, a uma escalada. Cada um pode assumir apenas a parte de responsabilidade que lhe cabe, abrindo o caminho para a desculpa, o perdão e a reconciliação.

Os sonhos podem chamar nossa atenção para o comportamento sombrio quando sonhamos com figuras que sentimos como moralmente ambíguas, desagradáveis ou incômodas.[119] Ao associarmos esses sonhos, notamos que nos exprimimos com prazer sobre as "más características" dessas pessoas — até nos darmos conta de que essas características também poderiam ser nossas; afinal, essas figuras apareceram em nosso próprio sonho. Porém, isso não significa que somos como as descrevemos. Trata-se, antes, de descobrir em quais situações de vida nos assemelhamos a elas.

Para conseguir entender um sonho desse modo, é preciso aplicar a interpretação de Jung no nível do sujeito. A esse respeito, diz Jung: "Nossas imagos são partes integrantes de nossa mente, e se nosso sonho reproduz algumas representações, essas são, em primeira instância, nossas representações, em cuja formação a totalidade de nosso ser está entrelaçada; são fatores subjetivos que se agrupam de uma forma ou de outra no sonho não por razões externas, mas pelas emoções mais íntimas, exprimindo, assim, este ou aquele sentido. Toda a criação onírica é subjetiva, e o sonho é aquele teatro em que o sonhador é cena, ator, ponto, diretor, autor, público e crítico. Essa simples verdade é o fundamento daquela concepção do sentido do sonho, que designei como a interpretação no nível do sujeito. Como o termo já diz, essa interpretação compreende todas as figuras do sonho como traços personificados da personalidade do sonhador".[120] E, muitas vezes, essas figuras são muito misteriosas, sutis em sua significação, embora "superficialmente" se trate de pessoas bem conhecidas.

Em geral, como consequência, os sonhos são consultados para que se descubra se, no nível do objeto, produzem algum sentido; depois, continuam sendo interpretados no nível do sujeito. Se sonharmos com pessoas que não conhecemos, elas serão consideradas mais como representantes desconhecidos de nossa própria psique do que como aquilo que ainda é estranho para nós; mesmo assim, elas já desencadeiam fantasias. Considerar as imagens do sonho no nível do sujeito também tem consequências de amplo alcance: visto desse modo, o homem é responsável por tudo, ele já não pode criticar os outros; exigências feitas a outras pessoas deveriam ser feitas a si mesmo. Seria preciso começar sempre por si mesmo. O indivíduo também é sempre todos

76

os outros, tem ao menos uma relação com a humanidade como ser inteiro.

Anima e animus

Os arquétipos *anima* e *animus*, bem como sua ligação como par, são importantes elementos estruturais da psique. Segundo Jung, ao longo do processo de individuação, o homem se conscientizaria de sua *anima*, e a mulher, de seu *animus*. É preciso relacionar-se de maneira consciente com esses aspectos da personalidade para conseguir distinguir-se dessas imagens e forças arquetípicas e não ser influenciado por elas em excesso.

O conceito de *anima* e *animus*, que ao longo dos anos foi discutido e alterado diversas vezes, acabou por se popularizar, pois esclarece, por exemplo, por que nos apaixonamos. Não é raro que as pessoas fiquem fascinadas por outras, mesmo que não haja uma relação satisfatória entre elas. A razão disso é que projetamos no outro "a *anima*", "o *animus*" ou o par "*anima — animus*". Nesse conceito, fica claro, sobretudo, como atua a projeção de imagens arquetípicas. Se nosso encontro com outra pessoa é tal que podemos projetar a *anima* ou o *animus*, então ficamos fascinados, nos apaixonamos e temos certeza de que encontramos a pessoa de que precisamos para sermos felizes. Isso não é evidente — encontramos muitas pessoas que nos são simpáticas,

77

gostamos delas, mas elas não desencadeiam em nós esse intenso fascínio nem essa paixão. Não raro, não vemos nem queremos conhecer de fato a pessoa com quem entramos em contato. Para quê, afinal? Nosso sentimento nos sugere que já a conhecemos há "uma eternidade", de tão familiarizados que nos sentimos com ela desde o primeiro instante. Essa é uma das consequências da projeção de *animus* ou *anima*. Não raro, leva-se outra pessoa a se comportar de acordo com a imagem da *anima* ou do *animus*, ou seja, delega-se esse conteúdo psíquico, e o outro aceita essa delegação, comportando-se de maneira correspondente. Pessoas que atraem essa projeção podem identificar-se com ela. Se for uma mulher, por exemplo, ela se sente quase como uma deusa, mas também obrigada a representar a mulher que o homem vê nela. Se a projeção perde intensidade, ela recai na existência habitual e percebe que se perdeu nesse voo alto. Tal é o relato de uma mulher que foi, por algum tempo, "divinizada" por um homem: "Eu me imaginava como um veleiro em plena viagem. Mas, de repente, ele passou a me ver com tanta decepção que foi como se me tirassem todo o vento das velas — fiquei apenas balançando ao sabor das ondas. Depois, fiquei brava: como posso dar a outra pessoa tamanho poder sobre mim mesma?"

Sob a influência de uma projeção do *animus*, o homem pode aventurar-se mentalmente em gigantescas alturas e também se perder. Se isso acontecer, suas manifestações serão vistas de maneira mais crítica, e o voo alto irá desmoronar.

O conceito também esclarece por que nos perdemos se — como receptores de uma projeção da *anima*, por exemplo —, de repente, nos comportamos de acordo com essa projeção e nos abandonamos. Uma mulher inteligente e independente fica fascinada por um homem e se comporta como uma ouvinte admirada, sem opinião própria. E isso, segundo a teoria, porque o homem projeta nela sua *anima*, que deve ser justamente a de uma figura admirada. Isso significa que a mulher reage em ressonância com uma imagem interna, ativada no homem nesse período.

Se *anima* ou *animus* são evocados ou formados por um semelhante, ficamos fascinados com uma pessoa que achamos conhecer desde sempre, embora, na realidade, não a conheçamos. Nesse fascínio, tão condicionado pelo incondicionado, trata-se de amor, vida ou morte. Esse fascínio é muito sério e, quando algo é muito sério, na maioria das vezes trata-se da vida. Quando pode ser assimilada, a formação de *animus* e *anima* promete algo a mais na própria vida diante da morte; trata-se de um desenvolvimento fundamental.

O fascínio, um encanto, um arrebatamento ou um protótipo vital da concentração, se manifesta no enamoramento como *eros*, anseio e inspiração: a fantasia é avivada, surge uma proximidade maior com o inconsciente, e uma nova autopercepção se instaura: finalmente o indivíduo encontra a parte que desde sempre lhe pertencia e que havia muito tempo lhe faltava. É claro que essa pessoa podia estimular a projeção, mas ela como personalidade não é tão importante; o que importa é a imagem que lhe atribuímos. Isso costuma ser decepcionante quando se constata, em uma relação mais próxima, que o parceiro não corresponde a essa imagem.[121]

Outra pessoa, em geral um homem, fica fascinado por quase toda mulher que corresponda, ainda que apenas aproximadamente, à sua imagem interna de *anima*. Não se trata, no caso, de sempre iniciar uma nova relação e logo depois interrompê-la quando surge uma mulher mais adequada; segundo Jung, trata-se de sustentar esse fascínio, perceber as fantasias a ele vinculadas e compreender qual o sentido do anseio de relacionamento resultante para a própria vida.

O conceito de *anima* e *animus* se popularizou e, na maioria das vezes, é entendido de forma reduzida: a *anima* como o aspecto feminino no homem, e o *animus* como o aspecto masculino na mulher. Assim começa a confusão. É claro que esse pensamento se adapta à ideia de compensação e totalidade que perpassa o pensamento de Jung. Do ponto de vista biológico, está fora de questão o fato de que também temos em nós aspectos do sexo oposto. Porém, com essa redução corrente, não se analisa o conceito de *anima/animus* de maneira adequada: ambos são designados por Jung como imagens arquetípicas, ou seja, figuras oníricas, presentes na imaginação, quer se trate de homem, quer de mulher, e precisam estar ligados a uma elevada emocionalidade, sentir-se significativos, para poderem ser qualificados de *anima* ou *animus*. Na minha opinião, se não apresentarem essa intensidade emocional, trata-se apenas do fato de que os homens são atraídos por traços femininos, e as mulheres, pelos masculinos, que na fase atual de sua vida podem auxiliar ou atrapalhar. Nesse caso, o julgamento "feminino" e "masculino" é, em essência, um constructo da respectiva sociedade e da respectiva situação momentânea.

Quando Jung fala de *anima* ou *animus* em termos de conteúdo — por exemplo, que a *anima* personifica o *eros*, e o *animus*, o *logos* —, isso pode levar facilmente a conclusões específicas de gênero se não separarmos com precisão essas imagens internas dos aspectos conscientes da personalidade. Nesse caso, as mulheres passariam a corresponder ao princípio do *eros*, e os homens, ao princípio do *logos*. No entanto, ambos precisariam dos dois, *eros* e *logos*.[122] Essas também são as maiores alterações nesse conceito que precisamos realizar hoje: como Jung não falou em nenhuma ocasião de arquétipos específicos de gênero, podemos supor que tanto a *anima* quanto o *animus* aparecem em ambos os sexos, muitas vezes até como casal.

Anima e *animus* são imagens arquetípicas que regulam o relacionamento no sentido mais amplo: relação com um Tu, relações amorosas, eróticas e sexuais, mas também a relação com o mundo interno desconhecido. Poderíamos designá-los como arquétipos do relacionamento e da união.

Do ponto de vista da psicologia do desenvolvimento, a princípio, *anima* e *animus* estão ligados ao complexo materno ou paterno e também são matizados por eles. A dinâmica ligada a *anima* e *animus* faz com que o complexo do Eu possa se diferenciar cada vez mais desses complexos parentais, pois o Eu entraria mais em contato com o próprio centro, com o si-mesmo.

Essas reflexões sobre a psicologia do desenvolvimento têm uma relevância prática: nos sonhos, por exemplo, aparecem figuras que se assemelham ao próprio pai, mas, ao mesmo tempo, possuem um componente que não combina com ele e que é fascinante ou assustador.

Assim, um homem de 30 anos sonha com o pai, que está sentado à mesa, tomando café da manhã — "como sempre". "Mas, ao observá-lo com mais atenção, vejo que tem uma cauda de peixe. Desperto." O sonhador fica surpreso, pergunta-se se também existem ondinas masculinas. Em seguida, irrita-se por ter sonhado outra vez com o pai e constata que também está sentado à mesa, tomando café da manhã, como ele.

Sem acompanhar as outras ideias do sonhador, fica claro que aquele não é seu pai e que não se trata apenas do fato de que ele vive na identificação com o pai. Se entendermos esse pai exclusivamente como derivado de um complexo paterno, nossa compreensão do símbolo será unilateral, e não estaremos favorecendo a separação do complexo do Eu em relação aos complexos parentais. Esse tipo de compreensão pode até intensificar a fixação nesses complexos com a sensação de que, de todo modo, nunca haverá uma mudança. Porém, se também reconhecermos a dimensão do estranho misterioso ou da estranha misteriosa dentro dessas figuras paternas ou maternas e deixarmos que ela se desenvolva metaforicamente por meio da imaginação, à nossa compreensão do sonho e à vivência do sonhador ou da sonhadora se abrirá uma dimensão que aponta para o futuro e está ligada à esperança. Desse modo, o complexo perde algo de seu poder, que tudo determina, e são mostrados caminhos para o desenvolvimento, muitas vezes despertando na própria alma o anseio pelo estranho misterioso, nesse caso, o anseio pelo campo das ondinas.

É importante colocar a descoberto essas condensações em suas diferentes dimensões e nuanças. Se nessas imagens oníricas virmos apenas os efeitos do pai e da mãe pessoais, dos irmãos e das irmãs, então a psique se torna um túmulo familiar. É claro que os complexos paternos, maternos e fraternos influenciam a imagem do estranho misterioso e da estranha misteriosa, matizando também essa experiência arquetípica, mas não os determinam. Contudo, se nos for possível falar a esse nível do mistério, abriremos o complexo do Eu para a influência do inconsciente coletivo e ajudaremos as pessoas a descobrirem espaços em sua alma que são determinados não apenas pelas relações com o pai, a mãe e os irmãos. Esse caminho também leva à espiritualidade.

Do ponto de vista fenomenológico, *anima* e *animus* aparecem cada vez mais separados dos complexos parentais e fraternos, como estranhos desconhecidos e misteriosos, como desconhecidos misteriosos.[123]

O sonho ao final de uma análise

Após três anos de análise, em que um processo de individuação foi iniciado, uma mulher de 45 anos teve o seguinte sonho: "A senhora Morte* aparece. Sei que é ela. É como se ela enxergasse através de mim. Fico fascinada por ela, não consigo desviar o olhar. Carrega três rosas na mão".

A sonhadora ficou muito impressionada com esse sonho. Considerou-o um dos mais significativos que jamais tivera. Segundo sua descrição, a morte vestia roupas longas e pretas, era jovem, tinha por volta de 30 anos, estava bem alimentada, era muito sensual e erótica e, de certo modo, muito real e terrena, mas infinitamente misteriosa. Segundo a sonhadora, conhecê-la significava compreender o mistério da vida e da morte. "Se morrer significa seguir essa mulher, então, morro com prazer." Meditou sobre a morte, perguntando-se o que significaria o fato de ela ser mulher. Em seguida, concentrou-

---

* Em alemão, o termo "morte" é masculino e, nesse exemplo, a morte é apresentada no feminino, como seu cônjuge. [N. T.]

-se nas três rosas — em tom cor-de-rosa — como expressão do amor. Amor e morte — esse era o tema que a ocupava no momento, mas também um dos temas de sua vida.

O sonho despertou nela um profundo anseio por estar viva, por encontrar coragem para realizar em sua vida o que de fato era importante para ela, e não o que era esperado dela. Esse também era um anseio pelo *eros* abrangente em sua vida. Para nós duas, a morte permaneceu uma figura fascinante, difícil de ser compreendida. Quanto mais nos ocupávamos dela, tanto mais ela se transformava em um símbolo para a vida florescente.

Na relação com o mundo externo, as mulheres "comuns" a irritam: queria encontrar mulheres que se assemelhassem ao menos um pouco com a morte, mas, é claro que isso não era possível. Ao reconhecer que se tratava, antes, de uma figura de sua alma, que a aproximava muito de seu centro, escreveu poemas em que essa morte desempenhava um papel e pintou quadros simples.

Na análise, falava sobre as fantasias que associava à morte, mas também sobre os poemas e as pinturas. Por um lado, esse sonho desencadeou nela um impulso criativo. Por outro, ela começou a se interessar pelo tema da feminilidade. Assim, de maneira bastante pragmática, começou a se interessar por sua mãe como mulher, e não apenas como mãe, e cada vez mais por sua própria condição de mulher.

Enquanto se ocupou da morte como figura interna, a transferência e a contratransferência não eram tão importantes. Ao se ocupar mais da mãe e do tema da feminilidade, a figura da morte foi projetada em mim, mas pôde ser facilmente reconhecida como projeção.

À medida que a sonhadora lidava com o significado da morte, também se sentindo um pouco ameaçada em sua certeza normal de ser imortal, cresceu nela a sensibilidade para o infinito valor da vida e do amor. Essa figura onírica deu à sua vida uma nova orientação, experiência sensorial e consciência da própria identidade.

Anima e *animus* como casal

Em meu trabalho com pessoas de luto, descobri que elas conseguem se despedir com maior facilidade de um morto quando sabem quais fantasias estavam associadas a seu próprio amor e a seu próprio relacionamento.[124] Essas fantasias podem ser recordadas quando evocamos no sentimento a época em que nos apaixonamos pela primeira vez e depois refletimos sobre o que queríamos ser um para o outro, o que "idealizamos" no outro com o passar do tempo. Um homem que ficou viúvo conta que, graças à sua mulher, pela primeira vez tivera a sensação de ser um "homem bonito" — e eles também formavam um "bonito casal". Antes de conhecer essa mulher, ele era considerado atrapalhado, rebelde e sem vínculos; enfim, um rapaz difícil. Era o que sua mulher também achava — e não deixava de criticá-lo por isso —, mas via seu modo atrapalhado como autêntico e inadaptado, e gostava disso; via seu lado rebelde como corajoso, e a falta de vínculos como algo relacionado ao seu trabalho e às suas ideias. Assim, ele se tornou cada vez mais autêntico, corajoso e, apesar de um grande fascínio por suas ideias, também mais integrado. Não precisou sacrificar esse desenvolvimento, mesmo tendo perdido a mulher. Foi algo que sobreviveu nele, graças a ela. Como casal, por exemplo nos sonhos, *anima* e *animus* desencadeiam uma experiência de totalidade. Um exemplo:

Um homem de 38 anos se apaixonou contra sua vontade. Conheceu uma mulher, ficou fascinado, mas resistiu a esse fascínio. Tinha acabado de sofrer uma separação muito dolorosa, havia sido abandonado de novo, e refletiu se "valia a pena" a dor de um relacionamento amoroso, dor essa que sempre é associada ao amor. Queria alguns anos de tranquilidade emocional e viver para sua carreira. Mas ficou fascinado, mesmo sabendo que não se aprofundaria nesse fascínio. Também tinha bons motivos para isso. Então, sonhou:

"Em meu sonho, havia um casal debaixo de uma árvore gigantesca. Acho que chovia, mas havia uma fogueira. Foi assim mesmo. Fiquei olhando encantado para esse casal. Era como se um raio fosse cair, fiquei sem fôlego. Uma sensação de plenitude, de felicidade e de amor me invadiu. De certo modo, foi simplesmente divino."

O sonhador ficou muito perturbado e emocionado ao contar esse sonho. "O homem tinha mais ou menos a minha estatura, mas era diferente, de certo modo, mais vivo do que eu. O estranho é que usava a mesma aliança que eu... Eu devia estar junto com esse casal, já que o estava observando, mas não estava. A mulher poderia ser a que me fascina, mas também não ser. A do sonho é mais perfeita, nem tudo é verdadeiro. Mas a emoção foi enorme: só posso descrever com a palavra 'divina'." Essa palavra lhe causava constrangimento; na verdade, ele não costumava usá-la. E repetiu: "Foi como experimentar o divino; algo muito sexual e espiritual". Ficou profundamente emocionado com esse sonho, fascinado com o fato de existirem esses tipos de sentimento. Se quisermos privilegiar uma interpretação, esse casal poderia ser visto como o símbolo do si-mesmo, como a união dos opostos homem e mulher, fogo e água. "Nem tudo é verdadeiro", disse o sonhador — e isso poderia indicar que há uma imagem da união entre *animus* e *anima* em sua psique, não um casal no mundo externo.

Esse sonho também deixa claro que, no anseio por amor, trata-se não apenas da ligação entre o Eu e o Tu, mas também de viver o si-mesmo. No aspecto simbólico, o si-mesmo muitas vezes aparece como a união de um casal apaixonado. Do ponto de vista da vivência, esse símbolo representa a *coniunctio*, tal como Jung chamava a vivência do amor, da totalidade, do anseio por dissolução de limites. O anseio por amor e aquele pelo si-mesmo são quase inseparáveis: se somos tomados pelo amor, a isso também está associado um anseio que ultrapassa a relação amorosa.[125] Nesse símbolo, os amores de paixão sexual e espiritual estão ligados.

Se *anima* ou *animus* são formados, avivados e evocados, então, de acordo com a teoria do processo de individuação, não deveriam ser deixados na projeção ou na delegação, mas integrados o máximo possível, ou seja, vistos e reconhecidos também como partes psíquicas próprias, ligadas a muita emoção e a uma grande eficácia. Porém, nem sempre isso é possível. De certo modo, na prática isso acontece através da percepção e da configuração das fantasias, que são bastante vivazes nessa fase. As desilusões nos relacionamentos ajudam a reconhecer as fantasias cada vez mais como tais. Assim, aproximamo-nos mais da personalidade que podemos ter, de nosso "verdadeiro si-mesmo", o que na terminologia junguiana significa o seguinte: nosso complexo do Eu relaciona-se com nosso si-mesmo, apoderamo-nos mais de nosso centro, experimentamos sentido e profundidade, também nos tornamos mais "inteiros", no sentido de que podemos admitir cada vez mais aspectos em nós. Com base em Hans Urs von Balthasar, chamo isso de "espiritualidade".

O conceito de *anima* e *animus* é único no campo da psicologia profunda. Acho muito importante continuar a analisar esse conceito de maneira científica, sobretudo em conexão com os complexos parentais e em relação à possível diferenciação específica de gênero — se partirmos do princípio de que esses arquétipos atuam em ambos os sexos.

Do ponto de vista clínico, esse conceito é muito significativo: *anima* e *animus* de fato promovem a separação dos complexos parentais, o que está associado a uma melhor coerência do complexo do Eu; também abrem ao sonhador ou à sonhadora uma dimensão de futuro, conduzem ao próprio centro e transmitem sentido — são arquétipos que, além da múltipla regulação de relação e referência, servem de intermediários entre a relação e um conteúdo central de vida, levando, portanto, à espiritualidade.

Relação terapêutica e transferência/ contratransferência

Jung vê a "força do método analítico [...] na relação entre médico e paciente".[126] Ele associa o fenômeno da transferência — que, em sua opinião, tem importância central para o processo de individuação[127] — ao *hieros gamos*, o casamento sagrado, a união de *anima* e *animus*. Visto dessa forma, o anseio por totalidade física e psíquica está por trás do processo de transferência.

"Ela [a libido de parentesco] quer a conexão humana. Esse é o núcleo do fenômeno da transferência, cuja existência não podemos ignorar, pois a relação com o si-mesmo é, ao mesmo tempo, a relação com o próximo, e ninguém tem uma conexão com ele sem antes a ter consigo mesmo."[128]

Na relação analítica, há que se fazer uma distinção entre relação e transferência. A relação surge entre o Eu do analista e o do analisando. Chamo de relação todos aqueles encontros em que o analista, como pessoa concreta, entra em contato com o analisando.[129] A transferência pode ser entendida como uma distorção da percepção do analista e da relação analítica por parte do analisando: padrões anteriores de relação, baseados em complexos, são transferidos para a relação terapêutica. A transferência é uma forma específica de projeção. Por contratransferência entendo as reações emocionais do analista aos pacientes, sobretudo a reação emocional à transferência. Porém, muitas vezes a contratransferência antecede a transferência: quando uma pessoa vem para a terapia, logo temos uma reação emocional, muitas vezes já ao telefone.

Um exemplo a partir da supervisão

No início do tratamento, um homem sempre se queixava de que não se sentia compreendido por seu terapeuta e, decepcionado, acrescentava: "Sempre foi assim". O analista, um colega em formação, não conseguia entender; afinal, era interessado e se esforçava para perceber tudo. Em seguida, esforçou-se ainda mais para entender o analisando. Como as queixas não cessaram, lutou contra depreciações agressivas, que o assustaram, e levou o problema à supervisão.

Era evidente que se tinha de estudar a transferência de um episódio de complexo para a relação analítica. Quando criança, o paciente sofrera muito com o fato de seu pai não o entender — pelo menos era o que sentia. Não considerava isso um problema importante em sua vida atual; havia coisas mais significativas: sua parceira tinha acabado de deixá-lo, e ele reagia com uma depressão de nível médio.

Porém, para a situação terapêutica, essa transferência era muito importante, pois ameaçava impossibilitar a relação analítica. O analista reagiu com uma contratransferência, portanto, uma reação emocional ao paciente, sobretudo também à situação de transferência. O analista ficou mais atento e, depois, irritado, tendo de renunciar à fantasia. Muitas vezes, sentimentos de contratransferência refletem os sentimentos dos analisandos na situação correspondente.

Na maioria das vezes, a transferência é um acordo entre o episódio de complexo reativado e a resistência a esses sentimentos, bem como ao comportamento na relação específica com o analista específico. Isso significa que todo analisando mostra diferentes aspectos de sua biografia e de sua constelação de complexos a um analista, que, por sua vez, também dá uma resposta específica. Dependendo da personalidade do analista, certos aspectos da personalidade são colocados mais em primeiro plano e atuam com maior ou menor intensidade.

"O fenômeno da transferência é a característica inevitável de toda análise que se aprofunde, pois é absolutamente necessário que o médico entre em uma relação o mais próxima possível do desenvolvimento psicológico do paciente."[130]

"O médico é contaminado por essas imagens da lembrança [de figuras típicas, que foram muito importantes na história prévia do paciente], pois leva o paciente a revelar seus segredos mais íntimos. É como se o poder dessas imagens da lembrança passasse para ele. Portanto, a transferência consiste em diversas projeções, que fazem as vezes de uma relação psicológica real. Ela cria uma relação aparente que, no entanto, a certa altura, é de grande importância para o paciente [...]."[131]

Importantes episódios de complexos são avivados na relação terapêutica; figuras que provocaram esses episódios de complexos, mas também outras muito úteis, são transferidas para o terapeuta. Essa relação de transferência é muito importante, pois nela o comportamento disfuncional pode ser visto e corrigido em um ambiente de compreensão.

"Porém, sem um diálogo aprofundado com uma contraparte, muitas vezes a separação das projeções infantis é simplesmente impossível. Como essa é a meta legítima e razoável da transferência, ela sempre conduz [...] à discussão, ao diálogo e, por conseguinte, a uma conscientização mais elevada, que é um aferidor da integração de personalidade. Nessa discussão, travada além das convenções encobertas, a pessoa real se revela. Na verdade, nasce da relação psíquica, e a extensão de sua consciência se aproxima da circunferência do círculo abrangente."[132] Se os episódios de complexos puderem ser trabalhados, já não reagimos do ponto de vista da antiga criança e podemos nos tornar cada vez mais nós mesmos.

Contudo, imagens arquetípicas também são transferidas, como mostra o exemplo a seguir:

Um analisando sonhou que sua analista era uma mulher idosa, de cabelos brancos e sábia — ambos tinham cerca de 40 anos. A analista era a mulher sábia para o analisando, mas não podia ser diferente. O analisando sabia muito bem como tinha de ser uma mulher sábia, e quando a analista não se comportava como tal, era criticada. Justamente porque a analista não correspondia à imagem que ele projetava nela, com o tempo o analisando conseguiu reconhecer que essa era "sua imagem interna" de uma mulher sábia e da sabedoria de maneira geral, a imagem que estava formada e "pertencia" a ele e à sua psique, a que lhe era mais acessível e o ajudava a lidar de maneira um pouco mais sábia com as dificuldades do cotidiano, que sempre o afligiam muito.

Transferência e contratransferência interagem. Por isso, é importante que o terapeuta perceba seus sentimentos de contratransferência e se comporte de maneira correspondente na terapia. Sentimentos de contratransferência podem ser facilmente percebidos e contribuir para uma melhor compreensão da situação, bem como para indicar quais lembranças talvez sejam importantes. Também devem ser entendidos como sentimentos momentaneamente ativados no analisando e que podem ser questionados.

Estágios de transferência

Nas *Tavistock Lectures*,[133] Jung distingue diversos estágios da transferência, que também correspondem a estágios no processo terapêutico. Segundo Jung, em um dos primeiros, os pacientes projetam imagens pessoais de experiências pessoais antigas.[134] Trata-se aqui do trabalho com os episódios de complexos. Se essas projeções forem reconhecidas como tais, como algo admirável, odioso ou pertencente à própria psique, a terapia pode chegar ao fim. Se a transferência persistir, então, em um segundo estágio, trata-se de distinguir os conteúdos arquetípicos que são projetados, como a imagem do redentor, de conteúdos pessoais. O terapeuta não é o redentor. A relação pessoal com o analista tem de ser diferenciada das projeções arquetípicas — essa é a tarefa em uma terceira fase. Já não se trata de conteúdos, e sim da relação.

Em um quarto estágio, trata-se da "objetivação das imagens impessoais".[135] Para Jung, esse é um aspecto essencial do processo de individuação. O objetivo é tornar-se mais independente de objetos externos, constatar que essas imagens arquetípicas são acessíveis na própria alma. O método a ser aplicado é o da imaginação ativa. Sobre ela, Jung diz que torna o analisando independente do analista. Os símbolos que se alteram de maneira criativa na imaginação ativa precisam ser configurados. Assim, voltamos ao aspecto criativo e à sua integração na vida do analisando. Assim também a transferência chegaria a um fim. As imagens avivadas na transferência são devolvidas ao analisando. "Com esse método [da imaginação ativa], o paciente pode se tornar independente de maneira criativa."[136] Essa é a teoria.

Acho esses estágios interessantes porque mostram que existem diferentes possibilidades de transferência. A sequência não me parece tão lógica: a psique é mais dinâmica. Mesmo que na verdade estejamos a ponto de experimentar formas arquetípicas importantes, que antes transferimos, como algo que vem ao nosso encontro a partir da própria alma, na minha opinião, isso não nos impede de fazer outra transferência, que surge na base do complexo. Com o tempo, essas transferências ficam apenas menos resistentes e mais fáceis de ser reconhecidas como tais.

A transferência erótico-sexual

Ocasionalmente, apenas essa forma de transferência é designada por Jung como tal. A esse respeito, diz Jung, entre outras coisas: "Quanto mais fraco o *rapport*, ou seja, quanto menos o médico e o paciente se entendem, mais intensa se torna a transferência, notadamente em seu aspecto sexual".[137] Ele acrescenta que existem não apenas o aspecto erótico e o sexual da transferência, mas também a vontade de poder, e: "Mas ainda há outra forma de *concupiscentia* instintiva, não mais baseada na 'fome', no desejo de possuir [...]".[138]

Se a *coniunctio* "*anima — animus*" é transferida e, com ela, também uma totalidade que é não apenas mental, mas também muito física e sexual, temos de pensar em uma intensa transferência de tonalidade sexual e erótica. Se um arquétipo da totalidade, tal como expresso no par "*anima — animus*", é projetado na relação analítica, então, trata-se de totalidade e do processo de individuação; nesse caso, é imprescindível ocupar-se das imagens arquetípicas da alma. Porém, o analisando está convencido de que se trata de uma relação de amor.

Em todo fascínio também encontramos nós mesmos. "Portanto, quem não quiser ser enganado por suas próprias ilusões extrairá como quintessência da análise cuidadosa de todo fascínio um fragmento da própria personalidade e reconhecerá aos poucos que sempre encontramos nós mesmos, sob milhares de disfarces, no caminho da vida."[139]

Contudo, isso não significa que a relação analítica como um todo consistiria apenas em projeções; uma relação atenta entre ambos continua sendo o fundamento para todo trabalho terapêutico. A esse respeito, diz Jung: "Mesmo que as projeções sejam analisadas retroativamente até sua origem — e todas as projeções podem ser decompostas dessa forma —, persiste a exigência por parte do paciente de relacionar-se com um ser humano; e essa exigência deveria ser satisfeita, pois, sem relação de qualquer tipo, o homem cai no vazio".[140] "Essa forma da relação pessoal corresponde a uma obrigação ou ligação voluntária, que se opõe aos grilhões da transferência. Para o paciente, ela significa como que uma ponte, na qual ele pode ousar dar os primeiros passos rumo a uma existência plena de sentido. Descobre, então, o valor de sua própria personalidade única; vê que será aceito tal como é e que é capaz de se adaptar às exigências da vida."[141] Nesse trecho, Jung fala tanto da possibilidade de o indivíduo encontrar mais a si mesmo, graças à ligação com o terapeuta, quanto da possibilidade de ele criar a relação com o mundo e os semelhantes de maneira mais sensata. Segundo Jung, essa ligação, que ocorre de forma espontânea, não pode dar certo se o terapeuta se entrincheirar atrás de um método.

O inconsciente comum

Em uma relação analítica, há mais do que transferência e contratransferência. Há uma ligação entre o inconsciente do analista e o do analisando. Percebemos com empatia não apenas as emoções do outro ser humano — isso também acontece; podemos nos "contagiar" com emoções. "As emoções são contagiantes [...]. Todo processo emocional desencadeia de imediato processos semelhantes no outro."[142] Jung explica o contágio por meio do efeito do sistema nervoso simpático, e hoje pensamos mais nos neurônios-espelho e em fenômenos de ressonância.[143]

A relação, que ocorre de maneira inconsciente, ou seja, o inconsciente comum, é precondição para a contratransferência, mas também a possibilidade de que o analisando participe da autorregulação do analista em situações nas quais sua própria autorregulação não lhe é acessível porque o complexo do Eu é pouco coerente.

Esse "inconsciente comum" torna possível que o analista entenda tanto as situações de complexos quanto os conteúdos arquetípicos — desde que sua função transcendente funcione —, à medida que se concentra em sua imaginação e perceba o que lhe é acessível em termos de imagens e emoções na situação analítica específica do momento. O analista pode compreender uma imagem a partir de sua psique — seja ela pessoal ou arquetípica —, que exprima a situação emocional na relação analítica. Assim, uma situação emocional importante pode ser compreendida graças à criatividade do analista: ele se concentra em seu inconsciente e percebe o que lhe ocorre. Na melhor das hipóteses, isso faz com que o analisando também tenha acesso a essas emoções e imagens. Se isso ocorrer, então ele se sentirá compreendido e se tornará mais competente do que antes para lidar com as dificuldades ou compreender a si mesmo. (Na verdade, esse é um recurso.)

A contratransferência também é um acordo entre as emoções e as imagens que o analista consegue perceber, o que, por sua vez, está associado à sua personalidade. A contratransferência também é uma resposta a essas pessoas. O analista também participa. É claro que a vida do analisando deveria ser vista com a maior clareza possível, mas não se pode negar que o analista se relaciona mais com alguns aspectos do que com outros. Nesse sentido, Jung dizia que na análise ocorre uma interação entre dois sistemas psíquicos.[144] "O terapeuta já não é o sujeito agente, mas alguém que vivencia em conjunto um processo de desenvolvimento individual."[145]

Com sua visão de mundo, do ser humano, seus problemas e recursos, sua evolução como homem ou mulher, o analista se encontra nessa interação. É uma coprodução. Thomä sugeriu permitir que os pacientes participassem da contratransferência, ou seja, tornar o sentimento, o pensamento e o comportamento transparentes, desde que pertençam ao "círculo funcional e formal"[146] do analisando. Do ponto de vista teórico, a ideia é esclarecedora, mas difícil de ser colocada em prática. Em todo caso, segundo essa visão, a ideia do terapeuta como "espelho objetivo" não se sustenta, tampouco o poder de definição sobre o que é real e o que é deturpado. Com isso, a interpretação em sentido restrito também se torna questionável. Não é que exista alguém com o poder de interpretação e outro que entende essas interpretações: os símbolos e as emoções precisam ser associados entre si, aos problemas do cotidiano e aos produtos culturais — assim, é possível extrair uma interpretação da qual ambos participem. Isso não significa que o analista não possa contribuir com suas ideias, mas ele precisaria ter uma visão geral mais ampla e também usá-la em sua contribuição. No entanto, questiona-se como é possível lidar com uma criação comum e como aplicá-la de modo proveitoso para a compreensão do paciente ou para o paciente. Já em 1935, Jung evocou a relação dialética entre analista e analisando. Se levarmos a sério sua teoria sobre a transferência e a contratransferência, faz sentido dedicarmo-nos a um espaço de fantasia comum, trocar ideias sobre as respectivas fantasias, o que, na melhor das hipóteses, leva a uma "interpretação" comum, que oferece ao analisando uma nova compreensão de si mesmo e o estimula a dar forma às suas fantasias. Desse modo, a questão sobre até que ponto o analista pode expor-se não está encerrada. Há sempre que se refletir a respeito. O analista sensível e interessado no outro ser humano e que tem o respeito do outro ser humano sempre encontrará soluções. Com certeza, com essa autoexposição não se entende que o analista ocupará o espaço com suas histórias — mesmo que o analisando as aprecie por algum período, pois, nesse caso, teria a impressão de que se trata de amizade. Trata-se, porém, de análise.

O tratamento analítico

O início

Quem busca uma psicoterapia orientada pela psicologia profunda chega a um tratamento no qual se ocupará do inconsciente dentro de uma relação terapêutica. O analisando tem um problema e pensa que um analista junguiano poderia ajudá-lo a resolvê-lo. Na primeira hora, o analisando irá ilustrar seu problema. Graças à sua atenção e ao seu interesse, o analista irá fazer com que o analisando apresente seu problema da melhor maneira possível, mas também, ao lhe perguntar como ele viveu ou até sobreviveu até o momento, irá lhe indicar ou, pelo menos, perceber seus recursos.

Em seguida, o analista junguiano verá como trabalhar em conjunto nesse caso específico, pois todo "caso" é único. As pessoas buscam a terapia por razões diferentes: não veem sentido na vida, que acaba perdendo sua importância; são acometidas por uma grave doença, sentem medo da morte e não se conformam com ela; sofrem por verem todas as outras pessoas como autoridades e porque ainda não descobriram as próprias competências, que lhes faltam quando estão com outras pessoas. Nesse último caso, vale lembrar que esse complexo pode ser trabalhado em conjunto. No caso da falta de sentido da vida, porém, não se pode simplesmente encontrar um episódio de complexo para isso — mesmo que seja bastante provável que apareçam episódios de complexos durante a análise. Será importante, sobretudo, concentrar-se no inconsciente, a fim de receber estímulos para alterações e transformações.

A todos os analisandos se transmite que, com o auxílio de sonhos, imaginações e construções criativas, tentamos compreender e controlar melhor a situação de vida e as tarefas futuras. Do analisando se espera que ele conte abertamente o que o move, mesmo em relação ao terapeuta, que preste atenção nos sonhos e, se possível, os escreva. Contudo, se à terapia chegar alguém dominado por emoções que já não consegue controlar, por exemplo após o diagnóstico de uma doença terminal ou porque tem uma estrutura fraca, ou seja, que não consegue lidar bem com as emoções, é evidente que a essa pessoa se indicarão caminhos para que ela possa lidar melhor com essas emoções. Intervindo na crise, se necessário, o terapeuta ajudará esse paciente, para que ele consiga alterar uma situação que lhe é quase insuportável.

É possível reconhecer a importância central da relação entre analista e analisando pelo fato de que este é incentivado a ter uma conversa inicial com diversos terapeutas.

No final, o que importa é que ambos combinem, que haja uma "química", que o analista se interesse pelo paciente e esteja convencido de que tem algo a oferecer profissionalmente nessa situação, e que o analisando consiga sentir-se bem e compreendido — ainda que, vez ou outra, haja alguma reserva, ele deve poder relacionar-se e confiar, mesmo que pouco, em alguém. Quem sempre se decepcionou nos relacionamentos, por qualquer motivo, tem muito mais dificuldade para confiar em estranhos. Como em geral acontece em situações menos seguras, quando as pessoas vão para a terapia, seu comportamento de vinculação é ativado. Se ao longo da vida não conseguiram travar nenhuma vinculação segura — e esse costuma ser o caso quando as pessoas buscam a terapia —, no início se mostrarão desconfiadas. No entanto, a relação terapêutica também oferece uma possibilidade de aprender a estabelecer e internalizar uma vinculação segura.

Sonhos iniciais

Como o inconsciente é importante na terapia junguiana, os sonhos iniciais merecem atenção especial.

Em momentos de transição na vida, quando alterações maiores são iminentes e preocupantes, mas também em períodos de crise, podem-se ter sonhos importantes.[147] Talvez nessas situações nos lembremos melhor dos nossos sonhos porque eles nos prometem uma orientação. Assim, sonhos muito importantes também ocorrem no início de uma psicoterapia, pois ela pode ser uma fase de transição importante na vida de uma pessoa. Esses sonhos são chamados de iniciais e, para Jung, eram muito significativos, pois neles via não apenas as razões para as dificuldades psíquicas e as indicações do que se perdeu na vida e teria de ser reencontrado, mas também suposições de como o desenvolvimento poderia continuar, "faros para possibilidades".[148]

Nas primeiras horas de análise, uma pessoa nos relata sua existência de forma condensada. De maneira semelhante, o sonho inicial contém muitas indicações de eventos passados, esquecidos, mas também futuros.

Esses sonhos iniciais iluminam o problema atual, mas também os recursos; são retrospectivos, mas também prospectivos; têm um aspecto final, ou seja, apontam para onde a pessoa poderia se desenvolver, pelo menos qual aparência o processo da terapia poderia ter. Muito interessante nesse caso são os sonhos que anunciam um movimento em si, que contêm a indicação do rumo que uma vida poderia tomar depois de ter passado um tempo em repouso. Sonhos iniciais podem anunciar um caminho, mas também conter símbolos arquetípicos com um grande potencial de fantasia, que sempre motivam novas fantasias e criações e, portanto, novas conexões com a vida cotidiana.

É como se no sonho uma esfera colorida saltasse da água. Esse fragmento de sonho, que pode fascinar o sonhador e por ele ser descrito com alguma frequência, sempre nos motiva a perguntar o que se revela com essa energia. Contudo, também há sonhos iniciais que dificilmente apresentam soluções. Embora neles se possa associar um problema atual a outro biográfico, não permitem individuar recursos nem possíveis orientações. Neles se apresenta, antes, apenas um sofrimento emocional atual, que tem de ser assimilado de imediato.

O sonho inicial ou os sonhos iniciais podem influir na indicação da terapia e ajudar de maneira decisiva o terapeuta a escolher, por exemplo, uma psicoterapia orientada pela psicologia profunda ou uma análise no sentido de um processo de individuação. No primeiro caso, serão escolhidos como foco do trabalho terapêutico um complexo central ou complexos que interajam entre si, com os padrões disfuncionais de relacionamento a ele vinculados. Sonhos, experiências de relacionamento no cotidiano, transferência e contratransferência são associados a esses padrões de relacionamento. A terapia junguiana também pode ser conduzida na forma de uma análise. Nesse caso, trata-se do processo de individuação, no qual se seguem os conteúdos do inconsciente, os símbolos, sobretudo os arquetípicos com as emoções correspondentes. Transferência e contratransferência desempenham um papel mais significativo do que na psicoterapia orientada pela psicologia profunda.

Em seguida, os sonhos são consultados para se saber quais desejos a respeito da terapia ou da terapeuta estão escondidos neles, quais padrões de relação se revelam e se determinado campo arquetípico está formado.

Esses sonhos iniciais ganham sua importância especial quando no analista se instaura uma contratransferência e temos uma reação emocional ao respectivo sonho. O sonho inicial interessa, fascina ou assusta, repele ou até nos deixa indiferentes. O modo como o analista é impressionado por esse material apresentado, como é afetado em seu próprio mundo simbólico, determina a perspectiva a partir da qual o sonho inicial é visto e compreendido. Isso não é um erro; ao contrário, é muito significativo: o trabalho terapêutico também se torna uma obra coletiva. A reação ao sonho inicial corresponde a uma contratransferência global ao analisando e exprime em que campo psíquico comum o trabalho ocorrerá, se se quer ou deve trabalhar em conjunto.

Em uma carta, Jung escreve que na psicoterapia ocorrem sonhos entre o analisando e o analista. Isso também vale para os sonhos iniciais, mesmo que ainda não se conheça o analista, mas, em compensação, se tem tanto mais representações sobre ele. Segundo Jung: "No sentido mais profundo, todos nós sonhamos não a partir de nós mesmos, mas a partir daquilo que existe entre nós e o outro".[149]

Às vezes, um sonho inicial é compreendido de imediato — pelo sonhador e pelo analista.

No início da terapia, assim sonha um homem de 40 anos, que se sente estressado, cansado, esquece tudo e é atormentado pelo medo de se tornar muito depressivo como seu avô: "Tenho de pegar o trem. Já é tarde. Ainda estou com o *laptop* aberto, decido terminar de escrever no caminho para o trem e depois salvar o documento. (De algum modo, isso dá certo, pois tenho uma espécie de bandeja presa à barriga, sobre a qual se apoia o *laptop*.) Porém, começa a chover, e preciso segurar um guarda-chuva em cima do *laptop*; além disso, no chão há uma porção de caramujos — e as pessoas também se movem muito devagar. 'Preciso pegar o trem', tento gritar. Um rapaz infestado de piolhos diz: 'Pegue o próximo'. Estou tão fora de mim que ele me ajuda."

Enquanto descreve o sonho, ambos ficamos sem fôlego. Seu comentário: "Bom, mas não sou tão louco como no sonho. Só falta o detalhe de que, ao mesmo tempo, ainda dou o nó na gravata! De fato, posso pegar o próximo trem, pois a cada meia hora passa um!"

Entendemos que o analisando se coloca sob uma enorme pressão: "Multitasking", como ele chama, é "normal" para ele, que sempre acaba perdendo alguma coisa por causa disso. Mas ainda há outro aspecto nele: o "rapaz infestado de piolhos" que oferece ajuda, mesmo que não do modo como o sonhador, a princípio, imagina.

Esse "rapaz" se assemelha ao que ele sempre vê na estação, pedindo ajuda (um franco). O sonhador não o acha antipático, até lhe dá dinheiro de vez em quando, mas é claro que o vê como uma "existência fracassada". Este é seu medo: se cedesse a essa voz — ainda há o próximo trem —, em algum momento também poderia já não estar no caminho do sucesso. Mas por que era tão importante pegar esse trem? O sonhador não se lembra de nada convincente. O próximo trem seria tão conveniente quanto o primeiro. Embora o sonhador prefira pegar determinado trem, raramente tem algum compromisso marcado. "Só senti todo esse estresse porque achava que tinha de pegar aquele trem..."

Obviamente, esse tipo de comportamento também se transferiu para a terapia. Quando ele começou a se abrir, lembrou-se de que tinha outros medos, um problema com sua mulher, outro com seu sócio, e de que o sentido da vida lhe escapava mais uma vez. Poderíamos trabalhar tudo isso juntos, "de uma só vez" e com rapidez. Ao ser indagado se também naquele momento teria de pegar um trem sem perder tempo, respondeu com uma risada libertadora. Senti-me grata por seu sonho. Graças a ele, pude lhe mostrar, de maneira plausível, que certos comportamentos podem ser alterados com certa rapidez, como rir quando se quer estressar a si mesmo de modo tão desumano, mas que outros comportamentos precisam "crescer". O crescimento precisa de tempo, e o estresse não traz nenhum benefício. Para nós dois, esse sonho inicial foi fácil de entender.

Contudo, também há sonhos iniciais que só podem ser entendidos e, a princípio, associados à vida cotidiana até certo ponto.

Interpretações são coproduções, influenciadas por ambos, por desejos, medos e esperanças. Às vezes, perguntamo-nos *a posteriori* como chegamos a uma interpretação correspondente, porque ela, por exemplo, ofusca algo de maneira muito evidente. Chega-se a essa interpretação visivelmente incompleta porque, no momento, era a verdade salutar, o conhecimento que podia ser assimilado. Se apenas o analista compreende um sonho, este não é compreendido. A esse respeito, diz Jung: "[...] nos casos em que a compreensão é unilateral, eu diria tranquilamente que se trata de uma não compreensão; no fundo, não importa que o médico compreenda; pois tudo vai depender da compreensão do paciente. A compreensão deveria ser estabelecida por um consenso, por um consenso que seja fruto de uma reflexão conjunta".[150]

É muito importante que o sonhador permaneça o especialista em seu sonho; do contrário, mesmo compreendendo seu material inconsciente, ele dependerá do analista além do tempo.

Uma série de sonhos no processo de individuação

Ao longo do processo de individuação, sempre se pode recorrer ao sonho inicial ou aos sonhos iniciais, por exemplo quando símbolos semelhantes reaparecem em novos sonhos.

Uma mulher (48 anos) com depressão moderada teve o seguinte sonho inicial: "Vejo um relógio — mas não é um relógio. É um círculo vazio. Pergunto a diversas pessoas que estão ao redor por que aquilo não é um relógio de verdade. Ninguém parece sequer entender minha pergunta. 'Tenho de encontrar a resposta sozinha, penso. Não me ocorre nenhuma ideia".

A sonhadora não sabe o que pensar de seu sonho. Queria ter um relógio de verdade; afinal, aos poucos o tempo vai desempenhando um papel em sua vida — já não tem todo o tempo do mundo. Por isso, também quis fazer terapia. Porém, provavelmente eu também não lhe poderia dizer por que não sonhou com um relógio de verdade. Ela disse isso de maneira bastante crítica. Pedi-lhe para rememorar o sonho na representação. Foi um sonho pouco sensorial, apenas um círculo qualquer. Ela não conseguiu reconhecer as pessoas ao redor, apenas aquelas com as quais tinha algo a ver. Sua ideia "tenho de encontrar a resposta sozinha" deixou-a furiosa. "As pessoas sempre me dizem que tenho de encontrar esta ou aquela resposta sozinha. Não me dão nenhum ponto de referência."

Esse problema é típico de indivíduos em estado depressivo. Adaptaram-se demais a outras pessoas, ficam muito ansiosos para satisfazer os desejos alheios; por isso, para eles é difícil saber o que eles próprios querem e sentem, qual é sua realidade. O círculo, que deveria ser um relógio, também aponta nessa direção. Pelo menos, já existe um círculo, um centro, que talvez se transforme em um relógio. A sonhadora rejeita essa ideia. Precisa de um relógio, não tem nenhum, e ninguém lhe dá um, nem mesmo a analista.

Cerca de seis meses após o início da terapia, a mulher sonhou com um relógio de estação. "Tinha os números 11, 12, 1 e 2; todos os outros estavam faltando, e o relógio também não tinha os ponteiros. Ninguém além de mim pareceu perceber isso. Os outros se orientavam sem problemas por esse relógio, o que me surpreendeu. Mas não perguntei a ninguém." Graças a esse sonho, a mulher se lembrou de seu sonho inicial: "Pelo menos agora tenho alguns números no meu relógio!". Ela associou o 11 e o 12 a "cinco para as 12" — já estava mais do que na hora de o tempo-realidade entrar em sua vida; 1 e 2 significavam que já tinha dado os dois primeiros passos. Interpretou o fato de as outras pessoas nada perceberem como uma indicação de que, de todo modo, a maioria é superficial. Nesse momento, ficou claro quanto ela depreciava as outras pessoas e as considerava superficiais. Do ponto de vista do nível do sujeito, "a maioria das pessoas" representa as "pessoas normais do cotidiano, que, aparentemente, conseguem se orientar muito bem" e que ela descarta como superficiais e não aprecia.

Cerca de um ano após o início do tratamento, tornou a sonhar com um relógio: "Vejo um relógio de igreja, com algarismos romanos. É o relógio da igreja da minha juventude. Quero saber que horas são, então constato que o relógio não tem ponteiros. Quero denunciar o fato; alguém deve ter roubado os ponteiros. Então me ocorre que os ponteiros de um relógio de igreja são muito grandes e pesados, não dá para roubá-los".

A sonhadora nota que sonhou de novo com um relógio.

Nesse sonho se lembra de muitas associações com sua infância e sua juventude, com a igreja, os mandamentos que tinha de cumprir — pais e igreja pareciam perseguir os mesmos objetivos —, "e eu tinha a sensação de que aquilo nunca ia passar, de que sempre haveria alguém para dizer como tinha de ser". "Nunca ia passar" — para a sonhadora, esse seria o elo com os ponteiros que faltavam e mostram o tempo decorrido. Raras vezes os sonhos iluminam algo de modo retroativo e, quando o fazem, a eles também se associa uma indicação para o futuro: ainda não havia ponteiros; a sensação do tempo decorrido, da despedida em seu aspecto triste, mas também naquele consolador — tudo passa — ainda é inexistente. Falta, porém, uma conexão do centro com a periferia. Ela ainda não consegue realizar na vida externa o que experimenta na terapia e o que já desenvolveu em ampla medida.

Após cerca de dois anos de terapia, teve o seguinte sonho: "Estou em uma montanha que conheço bem. É outono, e me faz bem olhar para a neblina no vale. Estou feliz por estar lá em cima. Um homem ao meu lado, que nada tem a ver comigo, grita de repente: 'São cinco para as seis, o último trenzinho vai partir'. Penso que não pode ser. Olho para meu relógio: são cinco para as seis. Não sei se consegui pegar o trenzinho no sonho".

Ao despertar, a sonhadora ficou triste por não ter tido um sonho mais impressionante com o relógio: "Desta vez, eu finalmente tinha o relógio, todo equipado, mas era um relógio de pulso 'bem banal'". De certo modo, a saúde psíquica também é banal, comum, sem nada de espetacular. Em todo caso, a indicação do tempo estava carregada de símbolos para a sonhadora: não cinco para as 12, mas cinco para as seis. Um ciclo inteiro ainda estava à disposição — mas justamente no vale, não acima dos outros, e sim junto com eles, talvez também em meio à neblina.

Acrescentei aqui apenas algumas associações da sonhadora, mas espero que tenha ficado claro que o símbolo condutor do sonho inicial sempre foi mostrado em um contexto novo, conectando-se a outras associações e podendo ser compreendido em circunstâncias novas e adicionais.

Contando a vida

Na psicoterapia de Jung, o desenvolvimento do aspecto criativo e da autoeficácia é uma questão central. No contexto da imaginação e do aspecto criativo, são importantes os relatos, as narrativas, as narrativas de complexos e, associadas a elas, as narrativas com conteúdo arquetípico, tal como são encontradas, por exemplo — mas não exclusivamente —, em contos de fadas.

Mitos são guias de orientação, relatos e narrativas que nos ajudam a viver. Referem-se a acontecimentos no passado, mas têm uma estrutura duradoura, que se estende ao passado, ao presente e ao futuro, como todas as imaginações. Se deixarmos que as narrativas realmente atuem sobre nós, iremos nos encontrar em um espaço narrativo que também será um espaço de representação. No entanto, as representações são sempre sensoriais, derivam sua qualidade de todos os nossos sentidos e se vinculam às emoções. Se nos ocuparmos de todas essas antigas representações, elas despertarão outras em nossa própria psique, reavivarão imagens, processos, emoções e transportarão uma percepção sensorial do mundo. Isso fica claro sobretudo quando trabalhamos com contos de fadas.[151]

Muitos contos de fadas tratam, por exemplo, da perda e da recuperação da água da vida. Se nos aprofundarmos nesse tema — mesmo do ponto de vista da imaginação —, responderemos com imagens e metáforas da água em nossa representação, e a ela serão associadas emoções. Na imaginação ou na reflexão, logo perguntaremos o que em nossa vida corresponde à "água da vida".

À medida que entramos em uma relação consciente com mitos, contos de fadas ou histórias semelhantes, podemos tentar tomar emprestados os princípios estruturais e as sequências de imagens a eles aplicados, mas também as emoções para a própria vida. Os processos simbólicos em mitos e contos de fadas atuam como projetos de transição: provenientes do tesouro do passado humano — em que nossas situações especiais de vida nos conduzem às histórias específicas com as emoções a ela vinculadas —, podem dar um estímulo simbólico à nossa situação específica de vida. O símbolo desperta símbolos em nossa psique, e estes, por sua vez, precisam ser traduzidos para o cotidiano. Temos de assumir a responsabilidade pela própria vida, mas somos estimulados e animados; os símbolos podem ser experimentados e, com eles, as formas de expressão para nossas emoções. Uma conexão com o início ocorre, por exemplo, por meio dos mitos da criação e, por conseguinte, com algo que signifique pátria, retorno a um início, à origem pura como possibilidade de recomeço. Trata-se de uma conexão com as raízes e fontes. Elas despertam em nós imagens que nos ligam à experiência de que o caos inicial sempre pode transformar-se em ordem, tal como apresentado nos mitos da criação.

Se falarmos sobre esses conteúdos simbólicos no âmbito da terapia, estaremos em um espaço comum de representação e de narrativa em que, até então, o não dito passa a ser expresso, mas também pode ocorrer uma mudança. Esse espaço — e não apenas o terapeuta — pode sofrer uma transferência, e nele as transferências podem ser trabalhadas.[152]

Do ponto de vista cultural, em suas conformações, as histórias e as imagens arquetípicas são uma história da humanidade, da qual participamos, que assimilamos e desenvolvemos. São uma reação à carência de símbolos e ao empobrecimento emocional do homem ocidental — portanto, um desafio.

Faz parte de toda psicoterapia contar a vida a partir da própria vida. Ao se fazer isso por meio dos sonhos, das construções criativas, da transferência e da contratransferência, da possibilidade de contar algo a alguém interessado, são relembrados aspectos da história de vida que antes tiveram de ser recalcados por serem talvez muito vergonhosos, mas que têm de ser evocados mesmo que apenas para serem outra vez esquecidos ou para que o indivíduo possa se reconciliar com eles.[153]

Desse modo, as pessoas aprendem não apenas a informar os outros e a si mesmas, mas também a contar histórias. É sabido que, em situações de grande estresse, perdemos a fala. Em contrapartida, voltar a falar significa conseguir integrar o que teve de ser desagregado. Cozolino[154] distingue entre a linguagem social, na qual nos informamos reciprocamente, o diálogo interno, que ele vê como muito influenciado pelos pais, e a linguagem da autorreflexão, que vem acompanhada pela possibilidade de mudança. Em relação à linguagem, para ele é muito importante a capacidade de contar histórias significativas da própria vida e, em última instância, a história da própria vida. Quando ligados às palavras, as imagens, os sons e os odores nos conduzem a lembranças. Ele vê a memória episódica, narrativa e autobiográfica como base para podermos contar essas histórias. À medida que as contamos, nosso cérebro tem de cumprir múltiplas tarefas no que se refere a afeto, percepção, comportamento e reflexão. Além disso, a história é compartilhada com outra pessoa; palavras, sentimentos e autorreflexão são possíveis quando existe segurança emocional, quando se sente pouca rejeição. Segundo Cozolino, tudo isso ocorre na psicoterapia e maximiza a integração de diferentes redes neuronais. A linguagem em uma relação importante do ponto de vista emocional, tal como ocorre na psicoterapia, é uma chave para alterar redes neuronais. De maneira semelhante também se comportaria a imaginação, que é central na terapia junguiana. É impossível haver terapia sem imaginação, por exemplo na forma de lembrança. Em um trabalho empírico e recente de Meier,[155] entre outros, comprovou-se que a imaginação é um grande recurso. Emoções e padrões positivos de relacionamento apareceram com mais frequência nas imaginações do que os negativos. Além de padrões antigos e disfuncionais de relacionamento, formaram-se novos. Para a terapia, isso é muito importante, pois significa que é possível trabalhar os complexos e as emoções a eles vinculadas por meio das imaginações.[156]

Nos dias de hoje se reconhece o valor da imaginação em muitas formas de terapia. Na psicologia junguiana, temos teorias de fundamentação (dos complexos, dos arquétipos), que esclarecem a relação entre distúrbio e o possível desenvolvimento, mas que também demonstram a ligação entre cultura e indivíduo, bem como a importância da cultura para a vivência de identidade do indivíduo. Na ressonância a narrativas e imagens arquetípicas, os problemas pessoais podem ser inseridos em um espaço em que a alteração é sempre possível. No entanto, o que me parece bastante importante na situação atual da sociedade é que, desse modo, também é preservada a memória cultural da humanidade, o que prova que o ser humano sempre tenta obter clareza sobre si mesmo e que essas tentativas sempre estimulam as pessoas a fazê-lo, a continuar contando suas experiências e, assim, criar novas ideias.

A concepção do homem na psicoterapia junguiana

Na psicanálise de cunho junguiano predominou desde o início a "visão com os dois olhos" (Fürstenau):[157] no conceito dos complexos são considerados os problemas, mas também os recursos de um ser humano.

O trabalho com os complexos e os símbolos possibilita, ao mesmo tempo, a ativação de problemas e recursos, dois dos quatro princípios terapêuticos ativos, tal como postulado por Grawe.[158] Quando aos problemas visíveis também podem ser associados recursos, cresce a convicção de que é possível controlar os problemas e tornar-se autoeficaz. Nesse caso, é claro que a ativação dos recursos pode ser encontrada não apenas nas manifestações do inconsciente, mas também em toda a vida vivida, nas relações de sustentação, do ponto de vista da terapia junguiana também nos avanços culturais, nos trabalhos criativos de artistas e poetas que se ocupam fundamentalmente de problemas humanos.

Quando um problema particular pode ser associado, por exemplo, à representação e à solução de outro semelhante em um conto de fadas, isso desencadeia a ideia de que o próprio problema também pode ser resolvido — ocorre um *priming* de aproximação. O indivíduo não se afasta do próprio problema; ao contrário, dirige-se a ele. A ativação de recursos está associada ao olhar para a frente: as pessoas sempre têm planos, intenções e desejos que querem realizar. Essa função prospectiva do aspecto psíquico, tal como Jung a chamava e que está relacionada aos complexos e à fantasia, era muito importante para ele. Há pouco tempo, ela voltou para o centro do interesse geral da psicologia.

A esse respeito, diz Jung: "O paciente deve ser capaz não só de reconhecer a causa e a origem de sua neurose; mas também de enxergar a meta a ser atingida. A parte doente não pode ser simplesmente eliminada, como se fosse um corpo estranho, sem o risco de destruir, ao mesmo tempo, algo essencial que deveria continuar vivo. Nossa tarefa não é destruir, mas cercar de cuidados e alimentar o broto que quer crescer até ele tornar-se finalmente capaz de desempenhar o seu papel dentro da totalidade da alma".[159]

A necessidade religiosa

Na psicologia profunda de Jung, as necessidades espirituais do ser humano são vistas e tratadas como uma necessidade fundamental. O ser humano se interessa basicamente tanto por política quanto por religião. Ambos os interesses interagem entre si, em algumas circunstâncias também de maneira muito problemática. O homem é um *zoon politikon* [animal político], mas também um *homo religiosus*, quer se entenda como religioso ou não. Não é possível entender o homem político sem entender o homem religioso e vice-versa.[160] Do ponto de vista da história, a política e a religião permaneceram unidas por um bom tempo. Sua separação pode ser vista nas palavras de Jesus: "Dai, pois, a César o que é de César e a Deus o que é de Deus". Com essa sentença, distinguem-se o aquém do além, o mundano do espiritual, mas eles continuam a interagir em nossa psique. Essa interação pode ser vista, por exemplo, nas esperanças de salvação que foram projetadas no Terceiro Reich, mas que também são depositadas em toda revolução.

Considero esses contextos de grande relevância nos dias atuais; de fato, a necessidade religiosa do ser humano parece perder importância ou encontrar seu lugar no esoterismo, portanto, ser pensada de modo menos consciente.

Símbolos religiosos atuam a partir do inconsciente, e justamente em pessoas que não se consideram religiosas. A invocação do religioso ou do sagrado também pode ser um recurso de propaganda nas mãos de poderosos que, assim, impõem suas intenções políticas. Mas esse recurso de propaganda não teria efeito se as pessoas não fossem receptivas.

Necessidades religiosas estão na essência do ser humano. Pela história da civilização, vê-se com clareza que o homem sempre teve uma relação com aquilo que o excede, com um absoluto. Isso é visível, sobretudo, nas experiências limítrofes da vida, como a morte e o nascimento. O homem simplesmente tem essa necessidade religiosa, é algo arquetípico. Não é possível não ser religioso.[161] O absoluto pode ser projetado em todos os campos da vida: poder, sexualidade, dinheiro, natureza etc. No fundo, tudo pode ser "deificado" e exigir total devoção.

Como para muitas pessoas a transcendência ainda é associada a "Deus", que para elas não existe mais, a necessidade de transcendência é eclipsada, projetada e, portanto, também dissimulada. O absoluto, o criador de tudo, o salvador e a relação com ele são projetados, dando origem a fundamentalismos e absolutismos. Muita coisa é imposta como absoluta, por exemplo uma dieta, que, de preferência, deve ser seguida junto com um grupo que pense da mesma forma. Pois o grande todo, ao qual se quer pertencer, é facilmente projetado em um único grupo. Por trás do anseio pelo absoluto está aquele por uma grande experiência de unidade.

Para Jung, a experiência religiosa do ser humano era de grande importância. Assim ele escreveu: "Dentre todos os meus pacientes que já ultrapassaram a metade da vida, ou seja, que já têm mais de 35 anos, não há um único cujo problema definitivo não seja o posicionamento religioso.

124

Sim, em última análise, todos sofrem por terem perdido o que religiões vivas deram a seus fiéis em todas as épocas, e ninguém que não tenha recuperado seu posicionamento religioso está salvo de fato, o que, por certo, nada tem a ver com a confissão ou com o pertencimento a uma igreja".[162] Quão importante era para ele o posicionamento religioso pode ser deduzido a partir da seguinte citação: "Na vivência religiosa, o homem encontra outro psiquicamente mais poderoso." E apenas o mais poderoso, cuja expressão ele também adota, desafia o homem como um todo e o obriga a "reagir como totalidade".[163] Reagir como totalidade seria o máximo que um ser humano consegue fazer e algo que transmite à vida humana a experiência sensorial e existencial mais importante. Do ponto de vista de Jung, à experiência externa, bem como àquela científica, tem de ser contraposta a outra interna; essa é a experiência religiosa. Nisso ele vê o inconsciente como uma fonte, *a priori*, concebível de experiência religiosa, mas se opõe à ideia de que o inconsciente é "idêntico a Deus ou o substitui".[164] A esse respeito, Jung sempre diz saber que a alma "contém a correspondência a todas aquelas coisas formuladas pelo dogma e algo mais além delas, o que justamente capacita a alma a ser aquele olho destinado a ver uma luz [...]".[165] Nas religiões são apresentadas imagens arquetípicas, sempre traduzidas na linguagem da atualidade correspondente.

O posicionamento religioso é transmitido quando se experimentam símbolos que são significativos para a emoção. Um símbolo vivo afeta o ser humano em sua emoção, tem um significado, confere a impressão de relação com esse símbolo, o que também é sempre um aspecto da concentração, e estimula o pensamento e a fantasia, apontando para o futuro. Quer algo da pessoa que vivencia esse símbolo, muitas vezes a formação, outras, a realização prática na vida vivida. Segundo Jung, o símbolo vivo tem um "efeito que produz e estimula a vida".[166] É comum a emoção proporcionada pelo símbolo ser designada como "religiosa" e transmitir uma experiência sensorial. O ser humano é capaz de suportar muitas coisas quando tem a impressão de que o que está fazendo tem sentido. Segundo Jung, "a meta e a aspiração dos símbolos religiosos é conferir sentido à vida humana".[167]

Justamente porque, do ponto de vista emocional, o símbolo arquetípico pode afetar tanto o ser humano, ele também pode levar alguém a querer "realizá-lo" com fanatismo. Jung também advertia: "De fato, o indivíduo pode sucumbir a uma comoção quando não compreende a tempo por que se comoveu. Deveria perguntar-se: por que aquele pensamento me abalou tanto? O que isso significa em relação a mim mesmo? Essa dúvida modesta pode nos proteger de sucumbirmos inteiramente à própria ideia [...]".[168]

Lidar com imagens e narrativas arquetípicas esconde outro perigo: se não forem consideradas em relação à nossa vida atual, a ressonância dessas imagens em nossa psique não será vista como o "agora" dessa verdade, que amanhã pode mudar de novo, mas como verdades em si, às quais também se podem vincular outras pessoas; nesse caso, seria sacrificada a ideia de conscientização e emancipação do homem para mais liberdade, uma preocupação fundamental do pensamento psicanalítico, também de proveniência junguiana. Trata-se de apoiar-se em um poder de orientação ultraterreno, portanto, de uma regressão.

Busca por sentido, aspiração à individuação do si-mesmo, realização de necessidades espirituais

Pode-se unir o conceito do si-mesmo e do aspecto criativo a ele vinculado a uma necessidade abrangente de espiritualidade. Se, de fato, tivermos de entender a totalidade como "imagem divina", podemos compreendê-la apenas como o sentimento da unidade e da união até a consciência oceânica que se tem da vida? A questão é: podem-se projetar a totalidade e a unidade de outra forma que não a recomendada pelo dogma? Não teriam elas sido vivenciadas pelas pessoas também em outros símbolos?

Por espiritualidade entendo a necessidade de experiência de unidade: comigo mesmo, com a natureza, com o ambiente, com o meio social, e isso na vida atual, com o corpo atual, as alegrias e os sofrimentos ligados a eles. Em uma dimensão místico-social da espiritualidade, se essa experiência de unidade for partilhada com as pessoas, o indivíduo se sente responsável também por elas.[169] Vista dessa forma, a espiritualidade há de ser entendida como algo objetivo, também ligado ao corpo, como anseio por sentido, plenitude da vida e vivacidade.

Ao longo do processo de individuação, sempre se podem ter experiências de unidade. Quanto se está no processo de individuação, a vida diária visa a essas vivências de unidade, a experiências de sentido, que, no entanto, não precisam estar localizadas na iconografia da religião cristã, mas podem servir-se de qualquer iconografia de um todo superior. A totalidade também pode ser vivenciada em um processo criativo, na observação de uma peça de arte, no amor, na experiência da beleza, na companhia de outras pessoas etc. O anseio por experiências de unidade e de sentido poderia ser designado como espiritualidade, e a vivência correspondente, como espiritualidade vivida. Parece-me muito importante que a espiritualidade se dê na vida concreta do dia a dia. É claro que também se pode entender isso como unidade com o divino, sem que seja necessário fazer uma associação com o tradicional conceito de Deus.

A concepção do si-mesmo em C. G. Jung e o processo de individuação a ela associado são um modelo para a vida vivida espiritualmente. Do ponto de vista prático, funciona da seguinte maneira: graças à percepção de sonhos e imaginações e à formação de símbolos, sempre se produz uma conexão entre o inconsciente e a consciência. A relação com o inconsciente é entendida como um recurso. Essa conexão traz autoconhecimento, possibilita o cuidado consigo mesmo, traz novos pontos de vista para que se possa lidar com problemas do cotidiano — tudo isso sob a perspectiva da experiência sensorial. O que vier a nos acontecer também poderá ser entendido do ponto de vista simbólico e, assim, receber dimensões além do que foi vivido na atualidade. Por certo, experiências de vida difíceis são sentidas como desagradáveis e perturbadoras, mas também são questionadas quanto a seu sentido e a seu potencial de desafio. A vida no processo de individuação não se torna mais fácil, mas o indivíduo aprende a se mover com os fluxos da vida, a seguir a própria vivacidade e a se despedir quando algo já não vive. Nesse processo, as relações e as ligações humanas são de importância central.

Evolução da
psicoterapia junguiana

A obra de C. G. Jung é muito rica e, em parte, ainda inexplorada. Sua digitalização permitirá, mais do que já se faz, apresentar e discutir, de maneira totalmente controversa, conceitos teóricos de Jung em sua evolução ao longo do tempo.[170]

Nas últimas décadas, também se trabalhou a adaptação da psicologia junguiana à prática de tratamento, e esse trabalho será continuado, também em discussão com os conhecimentos de outras escolas. Modelos teóricos, como a teoria dos complexos, serão adaptados para a prática clínica, e essa teoria também será associada à teoria do esquema.[171] Nesse meio-tempo, para cada quadro clínico há muito conhecimento específico, relativo aos distúrbios, que também tem de ser levado em conta em nossas terapias, sem substituir nosso acesso especificamente junguiano.

Áreas originárias da terapia junguiana, como a terapia através da pintura[172] ou a imaginação[173] foram desenvolvidas e serão testadas, documentadas e pesquisadas na prática e oferecidas como currículos em cursos de aperfeiçoamento.

Na psicologia junguiana, sempre foram redigidos muitos estudos sobre os símbolos, e esses estudos continuam a despertar interesse. O inconsciente ainda fascina, e ainda não se sabe com clareza o que significa o inconsciente coletivo. A associação entre o inconsciente coletivo, os arquétipos biologicamente inerentes, o inconsciente cultural e a memória cultural como as imagens geradas por arquétipos interessa tanto quanto a influência que o inconsciente tem sobre o espírito da época e vice-versa. Por fim, gostaríamos de descobrir qual contribuição podemos dar com a psicologia profunda e a prática terapêutica para a compreensão e a solução de problemas atuais da sociedade.[174]

Pesquisa

Além da pesquisa abrangente sobre símbolos, que, como já dito, sempre teve lugar de destaque na psicologia junguiana, também existe a pesquisa sobre a eficácia. Nela, o grande desafio é encontrar métodos que sejam adequados à relação terapêutica e ao processo terapêutico. Claro que nosso trabalho de psicoterapeutas também tem de ser pesquisado. Mas como a psicoterapia, que é um trabalho com seres vivos e sempre ressurge entre os terapeutas e os pacientes na relação terapêutica, pode ser pesquisada?

Como é possível pesquisar as experiências feitas na psicoterapia, a ação comunicativa, as experiências que corrigem a relação e aquelas dos sentidos? Essas são questões que ainda não encontraram respostas definitivas. Porém, uma coisa é certa: não pode ser o acesso clássico das ciências naturais, e esse acesso também não consegue, sozinho, atender à demanda da cientificidade. Segundo Görnitz,[175] por exemplo, a atual demanda por cientificidade na psicoterapia ainda está muito apoiada na física clássica; a física quântica, que trata da unidade do todo e das relações dentro desse todo,[176] seria mais adequada como teoria fundamental para as pesquisas no âmbito da psicoterapia, bem como naquele da situação da pesquisa na física. "Hoje as ciências naturais podem começar a esclarecer ao público que sua visão sobre o clássico evoluiu. A matéria macroscópica não é a única de cuja existência partimos. Assim, as diferentes experiências de cunho filosófico e religioso também recebem uma oportunidade de encontrar atenção mais ampla para uma visão de mundo que ultrapasse o materialismo do século XIX."[177]

Nesse caso, talvez se abra um campo de pesquisa muito interessante.

Porém, os estudos não podem esperar até que outras áreas desenvolvam uma metodologia de pesquisa adequada. Sem dúvida, pode ser útil refletir sobre as alterações dos pacientes e seus problemas, em geral dolorosos, no âmbito de uma relação terapêutica. Portanto, ao se lidar com a psicoterapia de maneira científica, é importante estudar essas alterações a partir de estruturas de base, que, por sua vez, devem ser relacionadas às teorias subjacentes e, eventualmente, modificadas. Isso implica fazermos estudos naturalistas e não simplesmente copiarmos a pesquisa qualitativa.

A terapia é um trabalho realizado no ser vivo;[178] nela predomina a lei da auto-organização e do não determinismo — o que também significa que grandes influências podem ter pequenos efeitos, e pequenas influências, grandes efeitos. Em outros termos, a observação que participa do processo é possível, e também será possível descrever padrões e alterações de padrões, mas não tirar deles um prognóstico mais seguro e conclusões universais.

Alterações no processo analítico podem ser oportunamente descritas como alterações na relação e nos padrões de relação. Mesmo que um pesquisador acompanhe, descreva e categorize um processo terapêutico a partir de fora, por meio de um tipo de conversa entre especialistas, as alterações podem se tornar evidentes através das análises de interações, mas muitas vezes também se mostrarão na alteração da relação do pesquisador com o material — portanto, em uma espécie de contratransferência. Esse tipo de pesquisa, que se concentra sobretudo na alteração do padrão de complexo e na divisão colusiva dos complexos, foi conduzido no âmbito de um trabalho de doutorado de Daniela Heisig. Esse trabalho poderia produzir um guia metodológico de como o processo pode ser compreendido de modo empírico em um trabalho analítico, também no que se refere às alterações no campo dos complexos.[179]

Os psicoterapeutas junguianos tampouco se fecham para as exigências de que os processos terapêuticos têm de ser pesquisados do ponto de vista empírico. Em um estudo de eficácia, realizado pela Sociedade Suíça de Psicologia Analítica e pelo Instituto C. G. Jung, de Zurique, e baseado no "Praxisstudie Analytische Langzeitherapien (PAL)" [Estudo da Prática de Terapias Analíticas de Longa Duração], de Heidelberg, pôde-se comprovar que as pessoas tratadas segundo o método de C. G. Jung mostraram melhora nos sintomas, nas competências psicossociais e no campo das relações inter-humanas. Conseguiram lidar melhor com as relações. Além disso, o bem-estar subjetivo aumentou. Sobretudo os problemas interpessoais diminuíram de maneira significativa.[180]

Hoje já não se trata de esclarecer a eficácia da psicoterapia independentemente de sua proveniência — para isso há estudos e metaestudos suficientes[181] —, e sim de demonstrar como ela atua. A pesquisa também lida com uma discussão coerente a respeito de posições teóricas no âmbito de nossa orientação. Uma pesquisa é consultada não apenas por razões de legitimação, mas também para que promova nossa autorreflexão e, assim, nos leve a analisar nossas teorias e projetos de formação, pois queremos oferecer uma psicoterapia de alto nível qualitativo e que, de fato, leve em conta as necessidades das pessoas; uma psicoterapia que sempre terá de mudar para satisfazer o desejo de Jung. É possível pesquisar processos terapêuticos da escola junguiana. Os resultados empíricos serão classificados em uma concepção abrangente do homem e do mundo, que, por sua vez, se referem a questões de sentido, a questões sobre a essência do ser humano e da vida, que dificilmente podem ser pesquisadas com os métodos da empiria moderna. Leva-se muito a sério o fato de que o homem vive em um ambiente representado por símbolos[182] e constituído por uma sociedade e uma cultura. Os acontecimentos da vida não apenas ocorrem, eles sempre significam alguma coisa. Uma doença psíquica consiste não apenas em sintomas, mas também é expressão de um ser humano em uma situação específica de vida, que precisa ser compreendida e consultada em relação a seus temas, sua biografia única e a realização de seu sentido.

Neurobiologia e psicologia junguiana

Por certo, a neurobiologia não pode provar que teorias da psicologia profunda estejam corretas. Porém, pode mostrar que o que as pessoas experimentam de maneira subjetiva também é visível como atividade no cérebro. A plasticidade cerebral significa não apenas que podemos nos desenvolver enquanto vivemos, mas também que os pensamentos alteram processos biológicos, que a mente pode mudar a matéria, que as estruturas cerebrais se modificam com a psicoterapia. Algumas pesquisas atuais da neurociência podem ser facilmente associadas à psicoterapia junguiana. No artigo "O complexo de tonalidade afetiva e seus efeitos gerais sobre a psique",[183] de 1906, Jung diz que o fundamento essencial da personalidade é a afetividade.[184] Do início ao fim, a vida humana é acompanhada pela emocionalidade, tanto na vigília quanto no sonho. Toda experiência está ligada à emoção. Desde o nascimento, distinguimos entre agradável e desagradável e, a partir disso, aos poucos desenvolvemos sentimentos de alegria e tristeza, medo, irritação, curiosidade, interesse, culpa, vergonha, inveja e autoestima. Nesse contexto, o neurobiólogo Panksepp descreve sistemas de controle de base emocional, que partilhamos com os mamíferos. "Essa herança evolucionária comum literalmente personifica as experiências primordiais de nossos antepassados, que [...] deixaram rastros no sistema de nossa memória processual."[185] As emoções são determinadas de modo biológico, dependem de estruturas cerebrais inatas e são arquetípicas.[186] Têm uma história evolucionária, diferenciam-se e são reformuladas na relação com o mundo, sobretudo com as pessoas de ligação, mas também com experiências com o próprio corpo. As emoções também são entendidas como sistemas de regulação importantes para a sobrevivência biológica e psicológica: regulam a adaptação às condições do ambiente e do mundo interno, e isso de modo que sempre planejem um estado de equilíbrio fisiológico no organismo. Segundo Panksepp, também devemos as emoções à atuação de algo que Jung chama de padrão arquetípico.

Um conceito semelhante das imagens internas, tal como Jung as descreve nas imagens arquetípicas, também é apresentado por Gerald Hüther,[187] neurocientista que as chama de "imagens internas que conduzem a ação".[188] Segundo sua hipótese, uma criança vem ao mundo com um tesouro de imagens internas, que são despertadas com a ameaça de seu equilíbrio interno e podem ser ativadas como padrão de reação que conduz a ação.

É interessante o diálogo entre a neurobiologia e a psicologia profunda também no campo do sonho.[189] Para Jung, o trabalho com e nos símbolos é central para o processo da cura, mas também para aquele do amadurecimento. Quem sonha e trabalha os sonhos está convencido de que esse trabalho é significativo. Para nós, é evidente que sentimentos, símbolos, sonhos e imaginações são tão reais quanto uma mesa. Por isso, alegramo-nos quando neurocientistas conseguem comprovar que "uma multiplicidade de áreas [no cérebro] ativam-se de igual maneira, independentemente, por exemplo, de padrões visuais terem sido vistos de fato ou apenas imaginados".[190]

Também nos alegramos quando um neuropsicólogo e psicanalista como Mark Solms chega à seguinte conclusão, depois de ter se ocupado por muito tempo dos sonhos, partindo da perspectiva da neurociência: "Se nós, terapeutas, nos ocupamos dos sonhos, é porque temos uma boa razão para isso, pois o sistema motivacional, o sistema de busca do ser humano só começa a funcionar quando acontece algo importante, interessante e significativo para o indivíduo, algo que nos afete emocionalmente. E, sem a ativação do sistema de busca, não sonhamos. Portanto, de acordo com essa condição da pesquisa, os sonhos são importantes, interessantes e significativos no nível emocional".[191] É claro que "sabemos" disso; do contrário, não trabalharíamos com o tema há tantas décadas — mas uma referência vinda de outra orientação nos deixa mais seguros. E é claro que essas pesquisas também nos levarão a testar alguns conceitos ou aplicá-los de modo mais diferenciado.

Ernest Hartmann, psiquiatra e neurocientista americano, levanta a hipótese de que os sonhos teriam uma função "quase terapêutica",[192] que ocorre porque as emoções, que têm de ser reguladas, são colocadas em um contexto e reconectadas, regulando, assim, a excitação por elas desencadeada. De Jung provém a frase: "Na base do sonho há, sem dúvida, uma emoção intensa, na qual os complexos habituais também desempenham um papel".[193]

Essa concepção de Hartmann corresponde à ideia de Jung de que os complexos causam sonhos, mas também são "sonhados" graças a eles. Segundo Jung, em sua função compensatória, o sonho nos mostra aspectos de nossa personalidade, que no momento ignoramos ou que precisam ser desenvolvidos novamente. Nessa teoria, trata-se da autorregulação da psique, não apenas para a situação de vida atual, mas também para o êxito da vida como um todo, para o chamado processo de individuação. Os sonhos não apenas reproduzem, eles alteram.

O diálogo entre a neurociência e a psicologia profunda será muito importante nos próximos anos para esta última.

Formação

Existem institutos de formação de psicologia junguiana no mundo inteiro, ligados à Sociedade Internacional de Psicologia Analítica (IAAP). Além deles, há muitos grupos em construção, especialmente no Leste europeu. Enquanto na Europa central o interesse por uma formação em terapia junguiana parece diminuir, cresce em enorme medida na Europa oriental.

Em contrapartida, na Europa central se nota um grande interesse pela psicologia junguiana por parte de pessoas que não querem se tornar psicoterapeutas, mas enriquecer a própria vida por meio dela. Conhecimentos e experiências transmitidas pela psicologia junguiana as ajudam no cotidiano e em suas profissões tradicionais.

Mesmo hoje, ou especialmente hoje, a psicologia profunda segundo Jung pode contribuir muito para a autocompreensão do indivíduo, para a compreensão de outras pessoas, bem como para a reflexão e a satisfação de necessidades fundamentais. A visão do homem como alguém capaz de se desenvolver, mesmo em situações difíceis, e que possui muitos recursos, ajuda a viver.

Apêndice

Agradecimentos

Gostaria de agradecer às muitas pessoas que me incentivaram a refletir sobre a psicoterapia junguiana, sobretudo àquelas que me permitiram usar seu material como ilustração neste livro.

Sou grata igualmente àqueles que contribuíram para que este livro surgisse, sobretudo Heike Neumann e Hildegunde Wöller. Também dedico um especial agradecimento a Christiane Neuen pela prazerosa colaboração na reedição.

Notas

1 Sua aula na época, intitulada "Die Assoziationsmethode" [O Método das Associações] (1910), encontra-se em: Jung, C. G.: Gesammelte Werke (GW) [Obras Completas], vol. 2, §§ 939-998.

2 Cf. Spitzer, Manfred (2000): Geist im Netz. Modelle für Lernen, Denken und Handeln. Spektrum Akademischer Verlag, Heidelberg, p. 235.

3 Galton 1879, apud: *ibid.*, p. 162.

4 Cf. Bair, Deirdre (2003): *Jung. A Biography*. Back Bay Books, Nova York/Boston, p. 61 (em alemão: *C. G. Jung. Eine Biographie*. Traduzido do inglês por Michael Müller. Knaus, Munique 2005).

5 Cf. o estudo de Jung em coautoria com Franz Riklin "Experimentelle Untersuchungen über Assoziationen Gesunder" (1904/1906) [Investigações experimentais sobre associações de pessoas sadias]. *In*: Jung: GW 2, §§ 1-498.

6 Freud, Sigmund (1904/1909): *Zur Psychopathologie des Alltagslebens*. Über Vergessen, Versprechen, Vergreifen, Aberglaube und Irrtum [Sobre a Psicopatologia da Vida Cotidiana]. S. Fischer, Frankfurt am Main.

7 Cf. Jung: GW 2, §§ 863-891.

8 Cf. Jung: GW 2, §§ 1350 s.

9 Jung: GW 1, § 479.

10 Jung: GW 2, §§ 1357-1388.

11 Cf. Jung: GW 3, § 78.

12 Cf. Kast, Verena (2012): *Träume. Die geheimnisvolle Sprache des Unbewussten* [Sonhos. A Linguagem Enigmática do Inconsciente]. 6ª ed. Patmos, Ostfildern.

13 Jung: GW 2, § 1353.

14 Jung: GW 8, § 211.

15 Jung: GW 8, § 210.

16 Cf. Kast, Verena (2004): *Schlüssel zu den Lebensthemen. Konflikte anders sehen*. Herder, Freiburg im Breisgau.

17 Cf. Bair (2013): Jung, p. 67.

18 A aula "Allgemeines zur Komplextheorie" [Considerações gerais sobre a teoria dos complexos] (1934) encontra-se em: GW 8, §§ 194-219.

19 Jung: GW 8, § 201.

20 Cf. o texto de Jung "Über die Psychologie der Dementia praecox: ein Versuch" [A psicologia da *dementia praecox*: um ensaio] (1907), GW 3, §§ 1-316, com ênfase no capítulo "Der gefühlsbetonte Komplex und seine allgemeinen Wirkungen auf die Psyche" [O complexo de tonalidade afetiva e seus efeitos gerais sobre a psique], GW 3, §§ 77-106, e Kast, Verena (2012): *Die Dynamik der Symbole. Grundlagen der Jungschen Psychotherapie* [A Dinâmica dos Símbolos. Fundamentos da Psicoterapia Junguiana]. 8ª ed. Patmos, Ostfildern, pp. 44 ss]

21 Cf. Jung: GW 8, § 210.

22 Cf. Jung: GW 8, § 856.

23 Jung: GW 8, § 204.

24 Jung: GW 6, § 991.

25 Jung: GW 6, § 992.

26 Tulving, Endel (1972): Episodic and Semantic Memory. *In*: Tulving, Endel; Donaldson, Wayne (orgs.): *Organization of Memory*. Academic Press, Nova York.

27 Cf. Stern, Daniel (1992): *Die Lebenserfahrung des Säuglings*. 2ª ed. Klett-Cotta, Stuttgart, pp. 143 ss.; Kast (2004): *Schlüssel zu den Lebensthemen*, pp. 27 ss.

28 Cf. Kast (2012): *Die Dynamik der Symbole*, pp. 196 ss.

29 Jung: GW 8, § 202.

30 *Ibid.*, § 203.

31 Jung: GW 8, §§ 131-193.

32 Jung: GW 8, § 166.

33 Jung: GW 16, § 125.

34 Jung: GW 6, § 78.

35 Jung: GW 9/I, § 56.

36 Jung: GW 18/I, § 420.

37 Jung: GW 18/I, § 417.

38 Jung: GW 5, § 344.

39 Jung: GW 3, §§ 1-316.

40 Cf. Solms, Mark; Turnbull, Oliver (2004): *Das Gehirn und die innere Welt. Neurowissenschaft und Psychoanalyse.* Walter, Düsseldorf/Zurique, p. 225.

41 Jung: GW 3, §§ 410-412.

42 Jung: GW 16, § 111.

43 Jung: GW 5, § 224.

44 Jung: GW 18/II, § 1229.

45 Jung: GW 8, § 404.

46 Cf. Singer, Wolf (2006): *Vom Gehirn zum Bewusstsein.* Suhrkamp, Frankfurtam Main.

47 Jung: GW 18/I, § 589.

48 Cf. Riedel, Ingrid (2002): *Formen. Tiefenpsychologie Deutung von Kreis, Kreuz, Dreieck, Quadrat, Spirale und Mandala.* Edição revista, reconfigurada e ampliada. Kreuz, Stuttgart, pp. 87 s.

49 Jung: GW 7, § 109.

50 Cf. Jung: GW 15, § 130.

51 Jung: GW 16, § 396.

52 Jung: GW 16, § 64.

53 Jung: GW 16, § 65.

54 Jung: GW 15, § 108.

55 *Ibid.*

56 Aristóteles (1968): *Über die Seele* [Sobre a Alma]. Tradução para o alemão de Willy Theiler. Rowohlt, Reinbek bei Hamburg. Livro II, 1, 412 a.

57 Jung: GW 15, § 130.

58 Jung: GW 15, § 127.

59 Jung: GW 15, § 115.

60 Jung, C. G. (1938 ss.): *Zarathustra Seminar*. 10 volumes. Pós-escrito multigrafado, não publicado, p. 62.

61 Jung: GW 16, § 99.

62 Jung: GW 16, § 62.

63 Jung, C. G. (1972/2012): Carta a uma destinatária não identificada, Alemanha, de 25.11.1932. *In: Briefe I: 1906-1945* [Cartas de C. G. Jung. Volume I — 1906-1945]. Org. por Aniela Jaffé em colaboração com Gerhard Adler. Walter, Olten e Freiburg im Breisgau/ Edição especial: EDITION C. G. JUNG pela Patmos Verlag, Ostfildern, p. 146.

64 Damasio, Antonio R. (2000): *Ich fühle, also ich bin. Die Entschlüsselung des Bewusstseins.* List, Munique, p. 383.

65 Jung: GW 6, § 869.

66 Jung: GW 6, § 88.

67 Cf. Jung: GW 6, § 88.

68 Cf. Jung: GW 6, § 862.

69 Cf. Jung: GW 6, § 819.

70 Jung, C. G. (1962): *Erinnerungen, Träume, Gedanken* [Memórias, Sonhos, Reflexões]. Comentado e organizado por Aniela Jaffé. Rascher, Zurique (edição especial: 18ª ed. EDITION C. G. JUNG pela Patmos Verlag, Ostfildern, 2013).

71 Jung (1962): *Erinnerungen*, p. 181.

72 Kast, Verena (2011): *Interesse und Langeweile als Quellen schöpferischer Energie.* 3ª impr. Reedição. Patmos, Ostfildern, pp. 55-57.

73 Jung: GW 8, §§ 166-175.

74 Jung, C. G. (1972/2012): Carta a Mr. O., Zurique, de 2 de maio de 1947. *In: Briefe II: 1946-1955* [Cartas de C. G. Jung. Volume II — 1946-1955]. Org. por Aniela Jaffé em colaboração com Gerhard Adler. Walter, Olten e Freiburg im Breisgau/Edição especial: EDITION C. G. JUNG pela Patmos Verlag, Ostfildern, p. 76.

75 Jung: Carta a Sibylle Birkhäuser-Oeri, de 13 de julho de 1950. *In*: *Briefe II*, p. 195.

76 Cf. Franz, Marie-Louise von (1957): *Die Aktive Imagination bei C. G. Jung*. *In* Bitter, Wilhelm (org.): *Meditation in Religion und Psychotherapie*. Klett, Stuttgart, pp. 124-134.

77 Jung: GW 13, § 18.

78 Jung: GW 13, § 19.

79 Jung: GW 13, § 20.

80 Jung: GW 13, § 24.

81 Jung: GW 12, § 4.

82 Cf. Kast (2012): *Träume*, pp. 193 ss.

83 Cf. Franz, Marie-Louise von (2012): *Der Individuationsprozess*. *In*: Jung, C. G. *et al.*: *Der Mensch und seine Symbole* [O Homem e seus Símbolos]. Edição especial. 18ª ed. Patmos, Ostfildern, p. 162.

84 Jung: GW 8, §§ 749-795.

85 Jung: GW 8, § 772.

86 Jung: GW 8, § 787.

87 Cf. Jung: GW 3, §§ 418 ss.

88 Jung: GW 13, § 44.

89 Jung: GW 12, § 34.

90 Cf. Kast, Verena (2012): *Vater-Töchter, Mutter-Söhne. Wege zur eigenen Identität aus Vater- und Mutterkom-*

plexen [Pais e Filhas, Mães e Filhos. Caminhos para a Autoidentidade a Partir dos Complexos Materno e Paterno], 4ª impr. da reedição. 2005. Kreuz, Freiburg im Breisgau.

91 Cf. Kast (2012): *Vater-Töchter*.

92 Cf. Jung: GW 16, § 400.

93 Jung: GW 16, § 445.

94 Jung: GW 16, § 227.

95 Jung: GW 9/II, § 351.

96 Jung: GW 8, § 870.

97 Jung: GW 16, § 219.

98 Jung: GW 11, § 399.

99 Jung: GW 11, § 400.

100 Cf. Kast, Verena (2005): *Wenn wir uns versöhnen*. Kreuz, Stuttgart.

101 Jung: GW 6, § 815.

102 Jung: GW 6, § 816.

103 Jung: GW 11, § 232.

104 Jung: GW 9/II, § 73.

105 Jung: GW 12, §§ 11 s.

106 Jung: GW 12, § 15.

107 Jung: GW 9/II, § 257.

108 Cf. Jung: GW 14/II, § 414.

109 Jung: GW 12, § 32.

110 Jung: GW 16, § 416.

111 Jung: GW 16, § 227.

112 Jung: GW 9/II, § 257.

113 Jung: GW 16, § 454.

114 Jung: GW 16, § 454, nota de rodapé 19.

115 Jung: GW 16, § 111.

116 Jung: GW 16, § 229.

117 Kast, Verena (2012): *Der Schatten in uns. Die subversive Lebenskraft*. 7ª ed. dtv, Munique.

118 Jung: GW 8, § 409.

119 Kast (2012): *Träume*, pp. 169 s.

120 Jung: GW 8, § 509.

121 Cf. Kast, Verena (2009): *Paare. Wie Phantasien unsere Liebesbeziehungen prägen*. Reedição. Kreuz, Stuttgart.

122 Cf. Kast (2009): *Paare*, pp. 157 ss.

123 Cf. Kast, Verena (1998): Animus und Anima. Zwischen Ablösung von den Eltern und Spiritualität. *In*: Frick, Eckhard; Huber, Roland (1998): *Die Weise von Liebe und Tod. Psychoanalytische Betrachtungen zu Kreativität, Bindung und Abschied*, pp. 64-78.

124 Cf. Kast, Verena (2013): *Trauern, Phasen und Chancen des psychischen Prozesses*. Reedição ampliada.

(35ª edição total.) Kreuz, Freiburg im Breisgau; Kast (2009): *Paare.*

125 Cf. Kast, Verena (2006): *Wurzeln und Flügel. Zur Psychologie von Erinnerung und Sehnsucht. In:* Neuen, Christiane (org.): *Sehnsucht und Erinnerung. Leitmotive zu neuen Lebenswelten.* Walter, Düsseldorf, pp. 9-29.

126 Jung: GW 16, § 276.

127 Cf. Jung: GW 16, § 539.

128 Jung: GW 16, § 445.

129 Cf. também Jacoby, Mario (1984): *The Analytic Encounter. Transference and Human Relationship.* Inner City Books, Toronto.

130 Jung: GW 16, § 283.

131 Jung: GW 16, §§ 283 s.

132 Jung: GW 16, § 420.

133 Jung: GW 18/I, §§ 308 ss.

134 Jung: GW 18/I, § 367.

135 Jung: GW 18/I, § 377.

136 Jung: GW 16, § 106.

137 Jung: GW 16, § 276.

138 Jung: GW 16, § 361.

139 Jung: GW 16, § 534.

140 Jung: GW 16, § 285.

141 Jung: GW 16, § 290.

142 Jung: GW 18/I, § 318.

143 Cf. Bauer, Joachim (2013): *Warum ich fühle, was du fühlst. Intuitive Kommunikation und das Geheimnis der Spiegelneurone.* 20ª ed. Heyne, Munique.

144 Cf. Jung: GW 16, § 1.

145 Jung: GW 16, § 7.

146 Thomä, Helmut (1999): Theorie und Praxis von Übertragung und Gegenübertragung im psychoanalytischen Pluralismus. *In: Psyche 9/10*, pp. 820-872.

147 Cf. Kast (2012): *Träume*, pp. 156 ss.

148 Jung: GW 16, § 89.

149 Jung: Carta ao dr. James Kirsch, de 29 de setembro de 1934. *In: Briefe I*, p. 223.

150 Jung: GW 16, § 314.

151 Cf. Kast, Verena (2013): *Märchen als Therapie.* 4ª ed. dtv, Munique.

152 Cf. Kast, Verena (1998): Erzählen und Zuhören: Das Narrativ im therapeutischen Dialog: "Ich hab so vieles zu erzählen". *In*: Buchheim, Peter; Cierpka, Manfred/Seifert, Theodor (orgs.): *Das Narrativ — aus dem Leben Erzähltes.* Lindauer Texte. Springer, Berlim, pp. 33-50. www.lptw.de/archiv/lintext/Lind-Text1998. pdf (acesso em: 8 jul. 2014).

153 Cf. Kast (2005): *Wenn wir uns versöhnen.*

154 Cozolino, Louis (2002): *The Neuroscience of Psycho-therapy. Building and Rebuilding the Human Brain.* Norton, Nova York.

155 Cf. Meier, Isabelle (2005): *Primärprozess, Emotionen und Beziehungsmuster in Tagträumen.* Lang, Berna, entre outros.

156 Cf. Meier (2005): *Primärprozess, Emotionen und Beziehungsmuster in Tagträumen,* p. 209.

157 Fürstenau, Peter (2002): *Neue therapeutische Welt durch beidäugiges diagnostisch-therapeutisches Sehen.* Conferência. 52ª Semana de Psicoterapia em Lindau, 26 de abril de 2002.

158 Cf. Grawe, Klaus (2004): *Neuropsychotherapie.* Hogrefe, Göttingen, pp. 400 s.

159 Jung, GW 16, § 293.

160 Cf. Bärsch, Claus-Ekkehard (2003): *Politische Heilserwartungen und ihre Folgen. In:* Egner, Helga (org.): *Heilung und Heil. Begegnung — Verantwortung — Interkultureller Dialog.* Walter, Düsseldorf, pp. 60-90.

161 Cf. Gross, Peter (1994): *Die Multioptionsgesellschaft. Suhrkamp,* Frankfurtam Main, p. 248.

162 Jung: GW 11, § 509.

163 Jung: GW 10, § 655.

164 Jung: GW 10, § 565.

165 Jung: GW 12, § 14.

166 Jung: GW 6, § 900.

167 Jung: GW 18/I, § 567.

168 Jung: GW 15, § 72.

169 Cf. também: Matthiae, Gisela (2005): *Art. Spiritualität. In*: Eicher, Peter (org.): *Neues Handbuch theologischer Grundbegriffe*. Kösel, Munique, pp. 174-193.

170 Cf. Papadopoulos, Renos K. (org.) (2006): *The Handbook of Jungian Psychology*. Routledge, Londres/Nova York; Withers, Robert (org.) (2003): *Controversies in Analytical Psychology*. Brunner-Routledge, Hove/Nova York.

171 Cf. McMahon, Pia (2013): *Die Komplextheorie nach Carl Gustav Jung und das Schemamodell nach Jeffrey Young*. Tese de conclusão de graduação junto ao Instituto C. G. Jung de Zurique, Küsnacht.

172 Riedel, Ingrid; Henzler, Christa (2008): *Maltherapie. Eine Einführung auf der Basis der analytischen Psychologie von C. G. Jung*. Obra reeditada e revista. Kreuz, Stuttgart; Henzler, Christa; Riedel, Ingrid (2003): *Malen um zu überleben. Ein kreativer Weg durch die Trauer*. Kreuz, Stuttgart.

173 Meier (2005): *Primärprozess, Emotionen und Beziehungsmuster in Tagträumen*; Dorst, Brigitte; Vogel, Ralf T. (orgs.) (2014): *Aktive Imagination. Schöpferisch leben aus inneren Bildern. Kohlhammer, Stutt-*

gart; Kast, Verena (2012): *Imagination. Zugänge zu inneren Ressourcen finden*. Patmos, Ostfildern.

174 Cf. Kast, Verena (2013): *Seele braucht Zeit. Kreuz* [A Alma Precisa de Tempo], Freiburg im Breisgau.

175 Görnitz, Thomas, comunicação oral.

176 Cf. Görnitz, Thomas (2006): *Quanten sind anders. Die verborgene Einheit der Welt*. Elsevier, Spektrum Akademischer Verlag, Heidelberg.

177 Görnitz, Thomas; Görnitz, Brigitte (2006): *Der kreative Kosmos. Geist und Materie aus Quanteninformation*. Elsevier, Spektrum Akademischer Verlag, Heidelberg, p. 327.

178 Cf. Kriz, Jürgen (1997): *Systemtheorie. Facultas Universitätsverlag*, Viena; Kriz, Jürgen (1997): *Chaos, Angst und Ordnung. Wie wir unsere Lebenswelt gestalten*. Vandenhoeck und Ruprecht, Göttingen, p. 67.

179 Heisig, Daniela (1999): *Wandlungsprozesse durch die therapeutische Beziehung. Die Konstellation und die Neuorganisation von Komplexmustern*. Psychosozial-Verlag, Gießen.

180 Cf. Mattanza, G.; Meier, I.; Schlegel, M. (orgs.) (2006): *Seele und Forschung. Ein Brückenschlag in der Psychotherapie*. Karger, Basileia.

181 Wampold, Bruce E. (2001): *The Great Psychotherapy Debate. Models, Methods and Findings.* Lawrence Erlbaum, Mahwah, NJ, *et al.*

182 Cf. Streeck, Ulrich (2001): Noch einmal zur "generalisierten Heiterkeitsstörung". *In*: Forum Psychoanal 17, pp. 94-96.

183 Jung: GW 3, §§ 77.

184 Jung: GW 3, § 78.

185 Solms; Turnbull (2004): *Das Gehirn und die innere Welt*, p. 128.

186 Cf. Damasio (2000): *Ich fühle, also ich bin*, p. 68.

187 Hüther, Gerald (2004): *Die Macht der inneren Bilder. Wie Visionen das Gehirn, den Menschen und die Welt verändern.* Vandenhoeck und Ruprecht, Göttingen.

188 Hüther, Gerald (2004): *Die Macht der inneren Bilder*, p. 36.

189 Apresentado detalhadamente em: Kast (2012): *Träume.*

190 Singer (2006): *Vom Gehirn zum Bewusstsein*, p. 42.

191 Solms, Mark (2005): The Interpretation of Dreams and the Neurosciences. Conferência apresentada em 19 de abril de 2005, por ocasião da 55ª Semana de Psicoterapia em Lindau. www.lptw.de/archiv/vortrag/2005/solms.pdf (acesso em: 7 jul. 2014). [Tradução para o alemão: V. K.]

192 Cf. Hartmann, Ernest (1996): Outline for a Theory on the Nature and Functions of Dreaming. *In*: *Dreaming 6.2*, pp. 147-170.

193 Jung: GW 18/I, § 444.

Bibliografia

Aristóteles (1968): *Über die Seele* [Sobre a Alma]. Tradução para o alemão de Willy Theiler. Rowohlt, Reinbek bei Hamburg.

Bair, Deirdre (2003): *Jung. A Biography*. Back Bay Books, Nova York/Boston (em alemão: *C. G. Jung. Eine Biographie*. Traduzido do inglês por Michael Müller. Knaus, Munique 2005).

Bärsch, Claus-Ekkehard (2003): *Politische Heilserwartungen und ihre Folgen*. In: Egner, Helga (org.): *Heilung und Heil. Begegnung — Verantwortung — Interkultureller Dialog*. Walter, Düsseldorf, pp. 60-90.

Bauer, Joachim (2013): *Warum ich fühle, was du fühlst. Intuitive Kommunikation und das Geheimnis der Spiegelneurone*. 20ª ed. Heyne, Munique.

Cozolino, Louis (2002): *The Neuroscience of Psychotherapy. Building and Rebuilding the Human Brain*. Norton, Nova York.

Damasio, Antonio R. (2000): *Ich fühle, also ich bin. Die Entschlüsselung des Bewusstseins*. List, Munique, p. 383.

Dorst, Brigitte; Vogel, Ralf T. (orgs.) (2014): *Aktive Imagination. Schöpferisch leben aus inneren Bildern*. Kohlhammer, Stuttgart.

Franz, Marie-Louise von (1957*): Die Aktive Imagination bei C. G. Jung. In*: Bitter, Wilhelm (org.): *Meditation in Religion und Psychotherapie*. Klett, Stuttgart, pp. 124-134.

Franz, Marie-Louise von (2012): *Der Individuationsprozess. In*: Jung, C. G. *et al.*: *Der Mensch und seine Symbole* [O Homem e seus Símbolos]. Edição especial. 18ª ed. Patmos, Ostfildern.

Freud, Sigmund (1904/1909): *Zur Psychopathologie des Alltagslebens. Über Vergessen, Versprechen, Vergreifen, Aberglaube und Irrtum* [Sobre a Psicopatologia da Vida Cotidiana]. S. Fischer, Frankfurt am Main.

Fürstenau, Peter (2002): Neue therapeutische Welt durch beidäugiges diagnostisch-therapeutisches Sehen. Conferência proferida em 26 de abril de 2002, por ocasião da 52ª Semana de Psicoterapia em Lindau.

Cf. Görnitz, Thomas (2006): *Quanten sind anders. Die verborgene Einheit der Welt*. Elsevier, Spektrum Akademischer Verlag, Heidelberg.

164

Görnitz, Thomas; Görnitz, Brigitte (2006): *Der kreative Kosmos. Geist und Materie aus Quanteninformation.* Elsevier, Spektrum Akademischer Verlag, Heidelberg.

Grawe, Klaus (2004): *Neuropsychotherapie.* Hogrefe, Göttingen, *et al.*

Gross, Peter (1994): *Die Multioptionsgesellschaft.* Suhrkamp, Frankfurt am Main.

Hartmann, Ernest (1996): Outline for a Theory on the Nature and Functions of Dreaming. *In: Dreaming 6.2,* pp. 147-170.

Heisig, Daniela (1999): *Wandlungsprozesse durch die therapeutische Beziehung. Die Konstellation und die Neuorganisation von Komplexmustern.* Psychosozial--Verlag, Gießen.

Henzler, Christa; Riedel, Ingrid (2003): *Malen um zu überleben. Ein kreativer Weg durch die Trauer.* Kreuz, Stuttgart.

Hüther, Gerald (2004): *Die Macht der inneren Bilder. Wie Visionen das Gehirn, den Menschen und die Welt verändern.* Vandenhoeck e Ruprecht, Göttingen.

Jacoby, Mario (1984): *The Analytic Encounter. Transference and Human Relationship.* Inner City Books, Toronto. (Em alemão: *Übertragung und Beziehung in der Jungschen Praxis.* Walter, Solothurn/Düsseldorf, 1993.)

Jung, C. G. (1938 ss.): *Zarathustra Seminar*. 10 volumes. Pós-escrito multigrafado, não publicado.

Jung, C. G. (1962): *Erinnerungen, Träume, Gedanken* [Memórias, Sonhos, Reflexões]. Comentado e organizado por Aniela Jaffé. Rascher, Zurique (edição especial: 18ª ed. EDITION C. G. JUNG pela Patmos Verlag, Ostfildern, 2013).

Jung, C. G. (1971 ss./2011): *Gesammelte Werke* (GW) [C. G. Jung — Obra Completa]. 35 volumes. Org. por Lilly Jung-Merker; Elisabeth Rüf; Leonie Zander *et al*. Walter, Olten e Düsseldorf/Edição especial: EDITION C. G. JUNG pela Patmos Verlag, Ostfildern.

Jung, C. G. (1972/2012): *Briefe I: 1906-1945* [Cartas de C. G. Jung. Volume I — 1906-1945]. Org. por Aniela Jaffé em colaboração com Gerhard Adler. Walter, Olten e Freiburg im Breisgau/Edição especial: EDITION C. G. JUNG pela Patmos Verlag, Ostfildern.

Jung, C. G. (1972/2012): *Briefe II: 1946-1955* [Cartas de C. G. Jung. Volume II — 1946-1955]. Org. por Aniela Jaffé em colaboração com Gerhard Adler. Walter, Olten e Freiburg im Breisgau/Edição especial: EDITION C. G. JUNG pela Patmos Verlag, Ostfildern.

Kast, Verena (1998): Animus und Anima. Zwischen Ablösung von den Eltern und Spiritualität. *In*: Frick, Eckhard; Huber, Roland (1998): *Die Weise von Liebe und*

Tod. Psychoanalytische Betrachtungen zu Kreativität, Bindung und Abschied, pp. 64-78.

Kast, Verena (1998): Erzählen und Zuhören: Das Narrativ im therapeutischen Dialog: "Ich hab so vieles zu erzählen". *In*: Buchheim, Peter/Cierpka, Manfred/Seifert, Theodor (orgs.): *Das Narrativ — aus dem Leben Erzähltes. Lindauer Texte*. Springer, Berlim, entre outros, pp. 33-50. www.lptw.de/archiv/lintext/Lind-Text1998.pdf (acesso em: 8 jul. 2014).

Kast, Verena (2004): *Schlüssel zu den Lebensthemen. Konflikte anders sehen*. Herder, Freiburg im Breisgau.

Kast, Verena (2005): *Wenn wir uns versöhnen*. Kreuz, Stuttgart.

Kast, Verena (2006): *Wurzeln und Flügel. Zur Psychologie von Erinnerung und Sehnsucht*. *In*: Neuen, Christiane (org.): *Sehnsucht und Erinnerung. Leitmotive zu neuen Lebenswelten*. Walter, Düsseldorf, pp. 9-29.

Kast, Verena (2009): *Paare. Wie Phantasien unsere Liebesbeziehungen prägen*. Reedição. Kreuz, Stuttgart.

Kast, Verena (2011): *Interesse und Langeweile als Quellen schöpferischer Energie*. 3ª impr. Reedição. Patmos, Ostfildern.

Kast, Verena (2012): *Die Dynamik der Symbole. Grundlagen der Jungschen Psychotherapie* [A Dinâmica dos Símbolos. Fundamentos da Psicoterapia Junguiana]. 8ª ed. Patmos, Ostfildern.

Kast, Verena (2012): *Imagination. Zugänge zu inneren Ressourcen finden.* Patmos, Ostfildern.

Kast, Verena (2012): *Der Schatten in uns. Die subversive Lebenskraft.* 7ª ed. dtv, Munique.

Kast, Verena (2012): *Träume. Die geheimnisvolle Sprache des Unbewussten* [Sonhos. A Linguagem Enigmática do Inconsciente]. 6ª ed. Patmos, Ostfildern.

Kast, Verena (2012): *Vater-Töchter, Mutter-Söhne. Wege zur eigenen Identität aus Vater- und Mutterkomplexen* [Pais e Filhas, Mães e Filhos. Caminhos para a Autoidentidade a Partir dos Complexos Materno e Paterno]. 4ª impr. da reedição. 2005. Kreuz, Freiburg im Breisgau.

Kast, Verena (2013): *Märchen als Therapie.* 4ª ed. dtv, Munique.

Kast, Verena (2013): *Seele braucht Zeit. Kreuz* [A Alma Precisa de Tempo]. Freiburg im Breisgau.

Kast, Verena (2013): *Trauern, Phasen und Chancen des psychischen Prozesses.* Reedição ampliada. (35ª edição, Kreuz, Freiburg im Breisgau.

Kriz, Jürgen (1997): *Chaos, Angst und Ordnung. Wie wir unsere Lebenswelt gestalten.* Vandenhoeck und Ruprecht, Göttingen.

Kriz, Jürgen (1997): *Systemtheorie.* Facultas Universitätsverlag, Viena.

Mattanza, G.; Meier, I.; Schlegel, M. (orgs.) (2006): *Seele und Forschung. Ein Brückenschlag in der Psychotherapie.* Karger, Basileia.

Matthiae, Gisela (2005): Art. Spiritualität. *In*: Eicher, Peter (org.): *Neues Handbuch theologischer Grundbegriffe.* Kösel, Munique, pp. 174-193.

McMahon, Pia (2013): *Die Komplextheorie nach Carl Gustav Jung und das Schemamodell nach Jeffrey Young.* Tese de conclusão de graduação junto ao Instituto C. G. Jung de Zurique, Küsnacht.

Meier, Isabelle (2005): *Primärprozess, Emotionen und Beziehungsmuster in Tagträumen.* Lang, Berna.

Papadopoulos, Renos K. (org.) (2006): *The Handbook of Jungian Psychology.* Routledge, Londres/Nova York.

Riedel, Ingrid (2002): *Formen. Tiefenpsychologie Deutung von Kreis, Kreuz, Dreieck, Quadrat, Spirale und Mandala.* Edição revista, reconfigurada e ampliada. Kreuz, Stuttgart.

Riedel, Ingrid; Henzler, Christa (2008): *Maltherapie. Eine Einführung auf der Basis der analytischen Psychologie von C. G. Jung.* Obra reeditada e revista. Kreuz, Stuttgart.

Singer, Wolf (2006): *Vom Gehirn zum Bewusstsein.* Suhrkamp, Frankfurt am Main.

Solms, Mark (2005): The Interpretation of Dreams and the Neurosciences. Conferência apresentada em 19 de abril de 2005, por ocasião da 55ª Semana de Psicoterapia em Lindau. www.lptw.de/archiv/vortrag/2005/solms.pdf (acesso em: 7 jul. 2014).

Solms, Mark; Turnbull, Oliver (2004): *Das Gehirn und die innere Welt. Neurowissenschaft und Psychoanalyse.* Walter, Düsseldorf/Zurique.

Spitzer, Manfred (2000): *Geist im Netz. Modelle für Lernen, Denken und Handeln.* Spektrum Akademischer Verlag, Heidelberg.

Stern, Daniel (1992): *Die Lebenserfahrung des Säuglings.* 2ª ed. Klett-Cotta, Stuttgart.

Streeck, Ulrich (2001): Noch einmal zur "generalisierten Heiterkeitsstörung". *In: Forum Psychoanal 17*, pp. 94-96.

Thomä, Helmut (1999): Theorie und Praxis von Übertragung und Gegenübertragung im psychoanalytischen Pluralismus. *In: Psyche 9/10*, pp. 820-872.

Tulving, Endel (1972): Episodic and Semantic Memory. *In: Tulving, Endel; Donaldson, Wayne (orgs.): Organization of Memory.* Academic Press. Nova York.

Wampold, Bruce E. (2001): *The Great Psychotherapy Debate. Models, Methods and Findings.* Lawrence Erlbaum, Mahwah, NJ.

Withers, Robert (org.) (2003): *Controversies in Analytical Psychology*. Brunner-Routledge, Hove/Nova York.

Cronologia:
Carl Gustav Jung

1875 Carl Gustav Jung nasce em 26 de julho, em Kesswil (Turgóvia).

1879 A família Jung se muda para Kleinhüningen, na Basileia, onde seu pai atua como pastor do vilarejo.

1895-1900 Estuda ciências naturais e medicina na Universidade da Basileia.

1900 Conclui o exame de Estado.

10.12.1900 Começa a trabalhar como assistente no hospital psiquiátrico Burghölzli, na época orientado pelo famoso psiquiatra Eugen Bleuler (1857-1939).

1902 Jung conclui o doutorado com uma dissertação sobre o tema "Sobre a psicologia e a patologia dos fenômenos ditos ocultos", orientado por Eugen Bleuler na Faculdade de Medicina da Universidade de Zurique.

Demite-se do cargo no hospital Burghölzli e muda-se para Paris, a fim de estudar com Pierre Janet.

1903 Casa-se com Emma Rauschenbach, filha de um industrial de Schaffhausen. O casal tem cinco filhos.

1904 Retorna ao hospital Burghölzli como médico-chefe.

1905 Jung se qualifica como psiquiatra junto à Faculdade de Medicina da Universidade de Zurique, onde leciona até 1913.

1906 Em um congresso em Munique, defende a psicanálise e Sigmund Freud, que ainda não havia conhecido pessoalmente.

1907 Em fevereiro, primeiro encontro com Freud, em Viena; início de uma amizade complicada.

1909 É convidado pela Clark University, em Worcester, Massachusetts, para apresentar seus estudos sobre a associação de palavras. Viaja junto com Freud, que também recebera um convite.

Abre um consultório particular.

1909-1913 Presidente fundador da Associação Psicanalítica Internacional.

1911-1913 Rompimento com Freud.

1913-1918 Ocupa-se de seu inconsciente e da autoanálise; pratica a "imaginação ativa".

1916 Fundação do Clube Psicológico.

1917/1918 Serviço militar como capitão do Exército Suíço.

Estudo das mandalas.

1918-1926 Estudo dos gnósticos.

1920 Viagem à África.

1925 Visita aos índios Pueblo, no Arizona e no Novo México; expedição para visitar uma etnia no Monte Elgon, no Quênia (na época, África Oriental Britânica).

1932 Prêmio de literatura da cidade de Zurique.

Presidente da Sociedade Médica Geral para Psicoterapia.

Editor do *Zentralblatt für Psychotherapie und ihre Grenzgebiete* (até 1939).

1933 Professor no Instituto Federal de Tecnologia de Zurique.

1935 Título de professor, renuncia em 1941.

1938 Viagem à Índia.

1944 Nomeação para a cátedra de psicologia da Faculdade de Medicina da Basileia. Por motivos de saúde, não assume o cargo.

1945 Fundação e presidência da Sociedade Suíça de Psicologia Prática.

1948 Fundação do Instituto C. G. Jung, em Zurique.

1961 C. G. Jung morre em 6 de junho, em Küsnacht.

Impresso por :

Graphium
gráfica e editora

Tel.:11 2769-9056